管好自己就能成功

各个行业精英的自我管理术
强势分享古今中外

肖卫◎著

北京时代华文书局

图书在版编目（CIP）数据

管好自己就能成功 / 肖卫著 . -- 北京 : 北京时代华文书局 , 2018.4
ISBN 978-7-5699-2239-4

Ⅰ . ①管… Ⅱ . ①肖… Ⅲ . ①成功心理－通俗读物
Ⅳ . ① B848.4-49

中国版本图书馆 CIP 数据核字 (2018) 第 001909 号

管好自己就能成功

Guanhao Ziji Jiuneng Chenggong

著　　者 | 肖　卫

出 版 人 | 王训海
责任编辑 | 周海燕
封面设计 | 天行健设计
版式设计 | 迟　稳
责任印制 | 刘　银　范玉洁

出版发行 | 北京时代华文书局 http://www.bjsdsj.com.cn
北京市东城区安定门外大街 136 号皇城国际大厦 A 座 8 楼
邮编：100011　电话：010 - 64267955　64267677
印　　刷 | 三河市兴博印务有限公司　0316-5166530
（如发现印装质量问题，请与印刷厂联系调换）
开　　本 | 787mm×1092mm　1/16　　印　　张 | 15.5　　字　　数 | 170 千字
版　　次 | 2019 年 7 月第 1 版　　印　　次 | 2019 年 7 月第 1 次印刷
书　　号 | ISBN 978-7-5699-2239-4
定　　价 | 45.00 元

目　录

1
管好自己的目标
找到主动目标，解决问题再前进

岳飞三次投戎：少年立志，精忠报国 / 003

玄奘私往天竺：为求佛法真理，万里西行 / 005

布鲁诺为真理而斗争：捍卫真理，不惧死亡 / 008

孟非从印刷工到主持人：不放松学习，坚持和不畏困难 / 011

戈达德的生命清单：立下127个人生目标，完成绝大多数 / 014

刘强东只做第一：勇敢创业，只为青春的梦想与荣耀 / 017

史泰龙被拒绝1850次：只要有恒心，世间无事不可为 / 020

李安捧起奥斯卡小金人：失败时不沮丧、不放弃，时刻铭记梦想 / 023

舒尔茨的咖啡店梦：儿时为父偷咖啡，立志用行动实现梦想 / 026

哈兰·山德士晚年创立肯德基：好饭不怕晚，再晚的目标也能完成 / 029

2
管好自己的时间
既要日积月累，又要碎片化

海伦·凯勒的光明无声世界：刻苦学习和记忆，每天10个小时 / 035

巴尔扎克工作不分昼夜：3天用坏10个笔头，高效创作无人能敌 / 038

齐白石不教一日闲过：坚持每天学画，不愿虚度哪怕一天的时光 / 041

富兰克林从印刷工人到伟人：热爱生命，就别浪费时间 / 044

李贺短暂人生佳作多：天生鬼才，呕心沥血作诗书 / 047

马克思勤奋楷模：与时间赛跑，取得伟大成就 / 050

康德的时间管理：每日计划规律，从不改变自己的时间节奏 / 053

李开复合理分配时间：善于利用碎片化时间，掌控时间 / 056

爱尔斯金忙里偷闲：充分利用5分钟，成就伟大作家 / 059

3 管好自己的兴趣

一生不可缺少，不因他人否定而放弃

周星驰喜欢演戏：在孤独中准备6年，培养别具一格的精湛演技 / 065

窦文涛爱上朗读：要珍惜每一个当众出丑的机会 / 068

高尔基宁肯挨打也要读书：为了看书，什么都能忍受 / 071

半臂凯利选美夺冠：想做的事，不会因为一声“不行”而放弃 / 074

居里夫人痴迷于科学：两次荣获诺贝尔奖，却不重名利 / 077

安东尼热衷于烹饪：放弃家族生意，苦练厨艺，为奥巴马掌勺 / 080

萨贺芬热爱绘画：孤独中寻找力量，如一束美好阳光 / 083

王宝强一心想拍电影：为了演戏，始终不放弃 / 086

王献之书法人生：书艺超群，贵在坚持 / 089

4 管好自己的个性

可以独一无二，也可以普普通通

文天祥史书留名：一身正气，坚贞气节，万世流芳 / 095

葛洛夫铁腕人生：只有做“偏执狂”，才能生存 / 098

李清照洒脱不羁：千古第一才女，少时心怀社稷 / 101

李白自由率性：蔑视权贵，反抗传统束缚 / 104

贝多芬坚韧不拔：痛苦能够毁灭人，受苦的人也能把痛苦毁灭 / 107

贝耶尔为人虚心：谦虚诚恳，诲人不倦 / 110
沈括好奇善问：敢于质疑，终成《梦溪笔谈》 / 113
黄侃性情古怪：学问大脾气大，世人皆称“黄疯子” / 116
莱昂纳多顺其自然：本来就一无所有，还怕输掉什么呢 / 119
姚明创造NBA中国传奇：低调谨慎，不骄不躁 / 122

5 管好自己的情绪

没有迈不过的槛，没有走不出的情绪

白岩松坦然面对生活：快乐和痛苦仅占5%，享受95%的平淡生活 / 127
陈平战胜耻辱：忍辱发愤读书，成就西汉霸业 / 130
陆羽静心学习：学茶如做人，不再急于求成 / 133
唐伯虎收起自满：见识墙画合一后，潜心学画 / 136
邓亚萍拒绝自卑：在劣势中找到优势，终登世界之巅 / 139
帕瓦罗蒂克服紧张：独特的偏好，铁钉手帕齐上阵 / 142
崔永元走出抑郁：积极生活，迈开大步重走潇洒人生路 / 145
和田一夫永远快乐：生活就是一束阳光，70岁从零开始 / 148

6 管好自己的财富

财富不在于多，快乐最重要

白圭弃政从商：人弃我取，人取我予 / 153
巴菲特反复考察公司：生意不熟不做，不贪婪不跟风 / 156
苏轼痛自节俭：巧于居贫，晚食以当肉 / 159
比尔·盖茨100美元也会捡：生活“吝啬”，巨额捐赠慈善事业 / 162
王石公私分明：财富透明，潇洒生活 / 165
尹明善先富帮后富：尽人事听天命，做事要正大光明 / 168
张朝阳活在当下：生活高于事业，活得高兴 / 171

邵逸夫靠勤奋和智慧积累财富：取之于民，用之于民 / 174
吴奇隆合理安排财富：享受赚钱过程，怎么用并不在乎 / 177
孙俪守住财富最实在：钱不用太多，会生活的人才富有 / 180
王均金誓做百年老店：企业做长比做大更重要，捐款不如办教育 / 183

7 管好自己的身体

养成健康习惯，活得轻松自在

马三立动静相宜：活动筋骨，安心养神，调节身心 / 189
巴普洛夫精力充沛：热爱劳动，劳逸结合 / 192
孙思邈百岁药王：养生十三式，简单办法大道理 / 195
郑少秋老当益壮：对自己要好，“楚香帅”的养生之法 / 198
女神舒淇的经验：一日三餐皆瘦身，身材性感婀娜 / 201
马长礼的健康习惯：皱纹比儿子还少，走路是百练之祖 / 204
徐熙娣做性感辣妈：少躺多动，坐月子时也能成妙龄少女 / 207
靳羽西乐观心态促健康：做聪明女人，为自己而美丽 / 210

8 管好自己的人生

为改变命运而努力，走上理想人生轨道

匡衡宰相人生：凿壁偷光，刻苦读书 / 215
范仲淹求取功名：少有大志，以天下为己任 / 218
皇甫谧浪子回头：顽劣少年，因孝顺而发奋读书 / 221
郑板桥从聪明到糊涂：养家糊口，难得糊涂 / 224
杨澜事业家庭兼顾：对自己负责，有家才能有天下 / 227
霍金敢与命运抗争：身残志坚，被誉为“宇宙之王” / 230
陶渊明不为五斗米折腰：采菊东篱下，悠然见南山 / 233
张曜用羞辱激励人生：拜妻为师，自嘲“目不识丁” / 236
哈莉亲手接受“演技最差奖”：从头再来，把批评当作财富 / 239

1

管好自己的目标

找到主动目标，
解决问题再前进

管好自己的目标

找到主动目标，解决问题再前进

目标分为主动目标和被动目标，普通人的多数目标是被动目标，甚至有些人的人生目标都是被动目标。有的人对一个主动目标从一而终，所有的选择都是为了推进这个目标；有的人在无数次选择和更换后，才确定一个主动目标。

我们要为自己设立一个主动目标。比如，学习不是目标，好好学习是过程，学到知识才是目标。在管好目标的道路上，我们会遇到阻拦、失败、松懈等等，但如果我们站在行业巨头的肩膀上，就会看得更远、更清晰，也会更容易解决这些问题。

岳飞三次投戎

少年立志，精忠报国

或许岳飞的结局并不美好，可是谈起那段历史，我们心中涌现的是对他的崇拜与赞美。

岳飞，南宋人，出生于现在的河南安阳。对于岳飞来说，童年生活意味着动荡与不安。但正因为如此，他在很小的时候就立下了习武卫国的志向。虽然在后来的从军路上，岳飞走得并不顺利，但从来也没有动摇过那份执着的信念。直到被坏人害死的那一刻，这位满身正气的英雄嘴里所喊的仍然是“天地可表”的豪言壮语。在岳飞身上所体现的不只是壮烈，还有他为人的刚毅，更有一旦立下目标便锲而不舍的决心。

其实岳飞小时候的生活并不富裕，父母都是为地主家种地的，但他却从没有为吃饭的问题困扰过。对于岳飞来说，想要过上真正的好日子，就需要国家安定，只有不惜一切地保家卫国，和平与安定才会变成事实。

为了这个目标，他向师傅学习射箭和枪术，往往是在别的小伙伴还没有起床的时候，他就已经开始练习了。他深知夏练三伏、冬练三九的道理，无论夏天还是冬天，他从来就不怕苦、不怕累。等到16岁的时候，岳飞已经成为可以挽弓300斤且左右开弓、箭无虚发的壮志少年。

“莫等闲，白了少年头，空悲切。”这是岳飞在《满江红》中的豪言壮语，可却没有人知道，这不但是岳飞对世人诚挚的奉劝，而且是对自己人生目标的精确总结。1122年，只有19岁的岳飞带着满腔报国的热忱从戎。他凭着自己出色的身手，屡立战功，还生擒了敌队首领，很快便被封为补授承信郎。

这时家中传来噩耗：父亲病故。岳飞只得暂离军营回家为父亲守孝。

两年后，此时边境的百姓正忍受着金军不断骚扰之苦。他再次投身战争，为了保家卫国在战场上出生入死。等到战争结束的时候，岳飞的威名不胫而走，他成了百姓们交口称赞的英雄。

这时，某绿林豪杰带着重金来劝岳飞入伙。然而从小便饱受困苦煎熬、忠君爱国的岳飞却眉头也不皱一下，大声训斥来人："我生为大宋人，死为大宋鬼，绝不会上山落草为寇！"

1126年，金国正式大举进军中原，这时的岳飞已经23岁。百姓的苦难，国家的破碎，让爱国心切的岳飞再次启程，他立下"不斩金军誓不还"的宏愿。离家之前，岳飞的母亲为鼓励岳飞，在其背上刺下"精忠报国"四个字。岳飞就这样带着母亲所刺的四个字，全身心地投入杀敌卫国的战争中。

启　示

SUCCESS

或许岳飞的结局并不美好，可是谈起那段历史，我们心中涌现的是对他的崇拜与赞美；作为一个为自己目标而奋斗的人来说，岳飞是最成功的典范。如今，我们既没有战乱的逼迫，也没有铁蹄践踏的烦忧，但我们却不能少了这份为了理想与目标的坚持。唯有如此，我们的明天才会没有遗憾："莫等闲，白了少年头，空悲切。"

玄奘私往天竺

为求佛法真理，万里西行

没有什么路是一马平川的，为了心中的目标，经历很多的苦难又算得了什么呢？

玄奘，一个有着传奇色彩的名字，一个有着顽强意志的求佛者。他不是《西游记》中的十世轮回“唐僧”，他没有3个武力高超的徒弟。他，起初仅仅是隋朝一个学习佛经的无名小卒。然而他却用自己的意志谱写了一首为目标而行的诗歌，为世人留下一段“西天取经”的传奇。

602年，玄奘出生于一个陈姓人家，父亲曾是江陵的县官，他的二哥在洛阳出家为僧，他时常去拜访二哥，这种听经传道的经历给玄奘留下了深刻的印象。在玄奘11岁时，他被破格录取为僧徒，并且非常系统地学习了当时的经书，慢慢成为洛阳信徒钦敬的大师。

618年，玄奘开始自己的寻经之旅，他先来到长安，在得知名僧大多在蜀地后，又前往成都。在那里，他一住就是四五年，除了对《摄论》《杂心》等经篇精通外，还在当地有了“玄奘大师”的名声。

可是这样的名气并没有给玄奘带来多少好心情，因为他意识到了各地对于经法分歧很大，难以融合，这让他迫切地想要学习一种经法——总摄三乘学说的《瑜伽师地论》，从而贯通所有经法。

这种经法却远在遥远的天竺（现今的印度），当时的朝廷并不发授护照放行。这种困扰让玄奘几经折磨，可是为了追求佛法真理，627年，他毅然踏上私往天竺之路，从长安出发，直往天竺。

玄奘并不是第一个想这样做的人，但因为那时的交通与语言给西行者带来了莫大的阻碍，再加上长途跋涉的艰辛，所以很少有人能真正成功。自然而然的，这条路成为“不归路”的代名词。但是为了追求更高的知识，为了求得经学，玄奘决然地踏上人生的征途。

当玄奘好不容易走到甘肃的时候，当地官员却以他无令而行违法为借口，逼迫他返回长安。面对着千辛万苦才走过的路，玄奘不想就此半途而废，于是他拜见当地的经学僧侣，在他们的帮助下偷偷离开，他白天不敢出门，只好等到天黑之后再赶路。

就这样，玄奘没日没夜地走到了瓜州境地。幸运的是，瓜州刺史是一名佛教徒，他冒着违反禁令的风险放玄奘通行，并让一个胡人为他带路。走到玉门关的时候，胡人却嫌路途艰苦不愿再前行，于是生出杀死玄奘的邪念。

在一个夜黑风高的晚上，这个胡人准备拔刀相向的时候，却想起了玄奘讲经的样子，终究狠不下心来，找了个借口离开了玄奘。就这样，玄奘为了求得佛法真理，独自走向了一望无际的大沙漠。

玄奘并不知道，在通往天竺的路上，除去无比艰险的自然条件，还有来自人为条件的诱惑。他走到高昌国时，得到了高昌国国王的盛情厚待，国王希望玄奘可以留下来，对其礼重供养。在遭到玄奘的拒绝后，高昌国国王恼羞成怒，强行将玄奘留在高昌国，不放他西行。

面对着这样的威逼利诱，玄奘“水浆不涉于口三日，至第四日，王觉法师气息渐惙，深生愧惧，乃稽首礼谢”。玄奘以死明志，才得以继续西行。

在经过了偷行、夜走、饥饿、诱惑以及各类艰苦环境造成的身体不适反应之后，玄奘最终到达了自己一心求取经学的地方——天竺。他从长安到天竺足足用去了一年的时间，中间途经十三国，有雪山，有荒野，更有强权，有贼寇，可这些都没有将玄奘吓退，他最终取得真经而回，成了佛教徒们心目中的高僧。

启 示

SUCCESS

没有什么路是一马平川的，为了心中的目标，经历的所有苦难又算得了什么呢？玄奘为取得真经坚持信念，值得人们学习。所有的结果都终将由它的过程来决定，所以坚定不移地走在通往目标的路上，才能实现真正的价值。

布鲁诺为真理而斗争

捍卫真理，不惧死亡

人的一生，可以没有成功，但不可以不坚守真理，为真理斗争才是追求真理精神的必经之路。

布鲁诺是意大利伟大的思想家，他出生于1548年，那是一个落后而愚昧的年代。家境贫穷的布鲁诺，在17岁那年被父亲送进圣多米尼加修道院。他在那里攻读神学，同时刻苦钻研古希腊罗马语言文学和东方哲学。

一次偶然的机会，他接触到了哥白尼的《天体运行论》这本书，这从而为他打开了一扇通往真理的窗子，他热切而快速地吸收着这本书中的知识。

对于当时的教会而言，哥白尼的这种“地球绕着太阳转，太阳才是中心”的学说就是“妖言惑众”。因为当时的统治者只信奉“地心说”，他们还以此为理论基础，打着“上帝创世”的旗号统治世人。“日心说”对罗马教会来说就犹如异教徒的宣言，所以当教徒布鲁诺也承认“日心说”并以此为真理时，罗马教廷震惊了。

为了更好地拥护哥白尼的学说，为了自己心中的真理，布鲁诺离开了修道院，因为他已经为当时的教会所不容。离开修道院后，布鲁诺流亡西欧。他先后去了瑞士、法国、英国以及德国等国家，每次走到一个国家（或地区）都极力地推广哥白尼“日心说”的学术知识，宣称只有《天体运行论》中才有真正的道理，并努力演讲太阳中心说的相关理论和原理，受到很多年轻人的欢迎与认可。

布鲁诺的做法彻底激怒了罗马教廷，他们派人将布鲁诺骗到了威尼斯，对他进行严刑拷打，把他关进了监狱，时间长达7年。然而，对于布鲁诺来说，“为真理而斗争是人生最大的乐趣”，他无所畏惧。

在与教廷正面交锋的这么长的日子里，布鲁诺从不知道屈服是什么。身处监狱之中，他并不关心何时被释放，而是仍旧用心研究宇宙的秘密，这让罗马教廷束手无策。

然而，古往今来，每一个思想者推翻旧时代的思想都是要付出惨重代价的，想要坚持自己的思想与信念，势必要面对太多的苛责甚至是陷害。布鲁诺充满了勇气，时刻准备着为了真理而献身。当宗教裁判所再次提审布鲁诺的时候，他大声地疾呼：“在真理面前，我半步也不退让！”最终，宗教裁判所以“异端分子和异端分子的老师”的罪名将布鲁诺判处火刑。

1600年2月17日，布鲁诺被押上广场，罗马教廷的神职人员都到广场观看，他们想要看到一个“异教徒”在火刑面前被吓退，从而放弃自己学说的场面。

然而，布鲁诺对着熊熊火势却一点也没有退缩，他高声宣布：“火并不能把我征服，未来的世界会了解我，知道我的价值！”作为英勇无畏的真理追求者，布鲁诺哪怕献出自己年轻的生命，也在所不惜。在若干年后的今天，我们将这个曾经的“异教徒”称为捍卫真理的科学家。

启 示

人的一生，可以没有成功，但不可以不坚守真理，为真理斗争才是追求真理精神的必经之路。虽然布鲁诺没有看到自己坚持的真理得到认可的一天，但他的名字却成为激励我们坚持追求真理、勇敢实现目标的动力。这就是坚持的魅力。

孟非从印刷工到主持人

不放松学习，坚持和不畏困难

人生是通过完成一个又一个小目标来获得成功的。这些小目标的成功将为一个大目标的实现打好坚实的基础。

孟非，江苏电视台著名节目主持人，以言辞幽默、谈吐有深度而闻名。据说，在同时段、同类型的节目里，孟非主持的相亲节目收视率是排在第一位的，他的节目一度受到全球华人的喜欢，他在2012年获得了“金鹰奖最佳主持人”奖。这样的成绩让孟非的主持事业如日中天，可是许多人并不知道，他曾是一名印刷工人。

1971年，孟非在重庆出生，12岁那年，全家来到南京定居。那时的孟非就是一个再普通不过的孩子，甚至还有点因为环境的改变而自卑，所以说话的声音从来都不大。他的学习成绩非常不好，高考时，严重偏科的他，数、理、化三门的成绩不足100分，只有语文成绩非常优秀。

当然，他没有考上大学，甚至连复读的希望都没有，因为他的成绩太差，所有的学校都毫不客气地拒绝了他。

高考落榜，复读无望，孟非对学习失去了信心，于是与几个同学一起去了深圳打工。深圳的生活可没有家里那么安逸，孟非半个月都没找到工作，身上也没剩下多少钱。他只好与一大群民工住在一个小房间里，为的就是省点房租。后来经过多方寻找，孟非在深圳找到了一份搬运工的活儿，这让他稚嫩的肩膀很难承受，于是在一个月之后他便做了“逃兵”。

回到南京之后，孟非进入一家报纸印刷厂工作，当时他什么也没有想，就是觉着这个工作可以天天有报纸看。可是工作非常累，一般都是周一到周四连着做，从周一早上八点钟进厂，要坚持到周四晚上才下班。这中间他每10个小时休息一次，休息时间为1小时，平时完全没有大块的休息时间。

一个月忙下来，孟非的收入只有23元钱。拿着第一个月的工资，孟非哭了，他真实地感受到了生活的不容易。于是他开始朝着学习的方向改变，他在日记中写道：“我不能一直在这里干下去，想拥有好工作，就得有知识。”

孟非开始加入成人高考的队伍中，他报考了南京师范大学中文系，白天在学校上学，晚上到印刷厂做工。他这样一边工作一边学习，本来休息的时间就少得可怜，现在就更加紧迫了。为了多挤出点儿时间看书，他总是熬夜，有时实在困极了，就用冷水来洗头，提一下神。这样的学习节奏让他一个月瘦了16斤，而且因为睡眠不足，他在工作的时候手被机器卷进去，结果出现了生产事故。

在这次事故结束之后，孟非离开了印刷厂。大学毕业后，他找了一份在电视台打杂的工作，做的是帮人背包、打灯之类的杂活儿，因为那时的孟非已经有了明确的人生目标——做一名记者。他从端茶倒水这样的小事开始做起，终于有一天被领导注意到了，于是领导开始在没有人手的时候，让他做些小采访之类的活儿。孟非总是紧紧地抓住这样的机会，完美地完成任务，这让领导很满意。

因为用心工作，台里让他参与了全国长篇电视专题片参赛作品的制作。因为他有想法而且努力，在台里被转成了正式记者。这一次孟非又哭了，只不过这次他流下的是高兴的泪水，他将这种心情写进日记里：“苦难中积聚的力量正一步步地把我引向成功。”

但是，他仍旧没有放弃学习，他的高等教育学习都是在工作之余完成的，他拿到了研究生学历，之后还到哈佛大学商学院学习。从未放弃学习的孟非真的走向了成功，他在2002年成为江苏电视台的主持人，并因为独树一帜的主持风格而红遍大江南北。

启 示

SUCCESS

人生是通过完成一个又一个小目标来获得成功的。这些小目标的达成将支撑一个大目标的实现。一个人的出身不可能由自己选择，成长也并不一定一帆风顺，而成功却完全有可能由自己主导。

戈达德的生命清单

立下127个人生目标，完成绝大多数

当人们绝望到要放弃的时候，常会突然发现自己还有一个有待挖掘的力量源泉，如果这个时候能够释放这种力量，那么你的灵魂会得到再一次的升华。

约翰·戈达德，1924年出生于美国，他在15岁之前，似乎一直都与其他小朋友没什么区别。可是这样的情形却在他15岁那年的一个雨天被改变了，在这一天，戈达德有了自己的人生目标，他给自己制定了一系列的目标，让自己用毕生来追求。

他定目标的起因是当时他正百无聊赖地听着大人们说话，而奶奶说的那句“如果从前，我做了这件事，那么我现在会……”让他瞬间得到了领悟：为什么大家总是在事情过去之后才追悔莫及呢？以后我可不想像他们一样后悔自己没有去做某件事。

他怀着一颗激动的心在纸上写下“我的人生目标”几个字，并且列出了多达127个人生目标。这在当时大人的眼里是不可思议的，谁会相信一个孩子可以将这长长的目标清单一一实现呢？

但是约翰·戈达德没有食言，他在自己以后的日子中一步一步地完成了这张清单上的人生目标，而且不管多难，不管多危险，他都没有因此而退却过。在他70岁的那年，他已经完成了清单中的109个目标，而这每一次目标的完成都给予他更大的信念去完成下一个目标。

约翰·戈达德知道，与同龄人相比，在长大的过程中，很多人会不断地改变自己的目标，而他却从来没有做任何的退缩。他心里很清楚：如果退后一步，会产生很多不良的连锁反应。

虽然这些目标说起来很简单，可实施起来却充满着挑战与危险，比如攀登非洲最高的乞力马扎罗山、世界最高峰珠穆朗玛峰，探索世界上最长的河流尼罗河、世界第二长河亚马孙河、世界流量第二的大河刚果河……戈达德为实现这些目标付出了常人所没有的毅力与坚持。

他在完成尼罗河探险目标的时候，不但遭到了来自世界上第二大哺乳动物——河马的肆意攻击，而且还得了严重的疟疾，那种全身虚脱的痛苦让他差点儿无法走完那次探险之路。

约翰·戈达德努力坚持，咬牙对抗身体的不适，就在他进入尼罗河最危险的湍流段时，出现了雪上加霜的事情——他遇到了携枪歹徒们的拼命追击。戈达德不顾一切地向着尼罗河口划船，最终将那伙人摆脱掉，而他的尼罗河之旅也迎来了胜利的曙光。

诸如此类的探险并不是戈达德人生目标中的全部，在59岁那年，约翰·戈达德完成了第106个目标。而在这106次的目标实现过程中，他就经历了多达18次的死里逃生。这些对于我们来说经历一次就足以铭记终生的经历却被戈达德视作平常事，他非常认可自己的这种坚持。

每一次目标的完成都让约翰·戈达德更加热爱生活，他对一切事物都非常欣赏。约翰·戈达德非常清晰地看到，当人们绝望到要放弃的时候，突然发现自己还有一个有待挖掘的力量源泉，如果你能够释放这个力量，那么你的灵魂会得到再一次的升华。

戈达德一生都坚持身体力行，因为他坚信：只要活着就要为了自己的目标而努力，从来不能因为艰难与危险而止步不前。正是因为这种坚持，戈达德才成了英国皇家地理协会的会员和纽约探险家俱乐部的成员，从而获得了一个探险家所能享有的各种荣誉。

启　示

SUCCESS

所有人都有目标与梦想，可并不是所有人都在想着如何去实现它们，因为在困难面前，人们往往更贪图眼下的安逸。这样的贪婪让我们失去探索未知的可能性的同时，也让我们失去了努力追求目标的动力，所以我们得到的永远只是对“约翰·戈达德们”的感叹与敬畏。

刘强东只做第一
勇敢创业，只为青春的梦想与荣耀

有一种人，屡战屡败，越战越勇，比如刘强东，只因他心中有“只做第一”的目标，所以失败对他而言只是将来成功的经验而已。

刘强东，江苏省宿迁市人，1974年出生，现任京东商城掌门人，2011年荣获华人经济领袖大奖以及第十二届“中国经济年度人物”称号。在刘强东的身上，可能存在强势与激进的特质，可他内心坚定，目标明确，总想在创业路上争第一。

回首刘强东创业的经历，似乎每一步都在印证他为梦想与荣耀而奋斗的信念。他开过饭店，站过柜台，他似乎就是要告诉人们：创业从来都是这样艰辛的，你需要的是一种坚持。

刘强东开饭店创业是在上中国人民大学的时候，当时的他没有经验，没有资金，除去自己勤工俭学攒下的一点儿积蓄，他还借了很多钱。当他怀着无限的期待与热情将这笔资金投下去之后，他只想着给员工好环境，却没有对他们有约束，因此出现了一些小问题。

后来，餐厅关门，他的第一次创业失败。刘强东就带着20万元的外债毕业了。在这样的现实面前，刘强东第一次清醒地认识到：要创业就得找经验。

他暂时放下自己的事业，入职一家外企单位，认认真真地将公司内部的办公信息化、物流、销售等环节一一熟悉，以便更好地工作。后来他的外债还清了，创业梦想再次被唤醒。

于是这个有想法的年轻人，带着自己学到的经验开办了公司——京东多媒体。虽然他自己称之为公司，但其实不过是在中关村租的一个柜台，这里有他进来的一点儿电脑配件。刘强东身兼数职，老板、员工、配送员、培训师，这一切都是他自己来做。

可他的行为却不被家人与朋友看好，当时，一个人民大学的毕业生应该有更好的路，无论是考公务员还是出国留学，因此他与女朋友之间的感情也紧张起来。但是刘强东一直坚持着，他早在脑海里为自己的事业绘好了蓝图，他不想放手。

2003年，就在刘强东的事业刚有起色时，“非典”却来了。中关村一下从热闹之城变为最冷清的场所，刘强东的公司也不得不停业了。面对这突如其来的变故，刘强东立刻掉转方向，将自己的货品放到互联网上去销售。可以说，那是刘强东度过的非常艰苦的岁月，他经常整日整夜地连轴转，实在困了就在地上打个地铺睡一会儿。

当“非典”过去时，别人都在准备着恢复营业，刘强东却看上了网上业务的发展趋势，于是他在2004年的第一个月正式推出电子商务业务。那时他的公司只有3个人，而产品也只有98种。可以说人少、东西少，一切都只处于起步阶段而已。可刘强东却坚持下来了，用他的话说就是：“只要勇于尝试，为社会创造价值，就无所谓失败；如果不敢梦想，还没开始就已失败了。”

2015年，京东在刘强东的带领下，将新蛋、当当、苏宁、1号店等一一超越或并购，刘强东用多年的努力换来了自己的成功，京东商城不但生意火爆，而且跨界扩张，还在美国纳斯达克上市，成为国内电商巨头之一。

这就是对梦想的坚持、对信念的执着吧！当有人问起刘强东“你觉得你的经历对其他创业者最有帮助的几个词是什么”时，他只给出两个：一个是“努力”，另一个就是“坚持”。努力让我们敢于拥有梦想，而坚持则让我们离梦想更近。刘强东具备了这两个条件，他觉得，创业者应该有远大的梦想，即使一辈子做不到，也一定要立下“只做第一”的目标。

启 示

SUCCESS

没有做好准备，导致创业失败，这时候人很容易偃旗息鼓。有一种人，屡战屡败，越战越勇，比如刘强东，只因他心中有“只做第一”的目标，所以失败对他而言只是将来成功的经验而已。

史泰龙被拒绝1850次
只要有恒心，世间无事不可为

成功的唯一秘诀就是“坚持”二字，没有谁能够不经打击便轻松推开成功之门。

西尔维斯特·史泰龙，美国著名的动作片巨星，还身兼编剧、导演、制片人，他似乎无所不能。这个影视界的领军人物，到底有多少才能是超乎常人的？他又是如何赢得这些令人羡慕的成就的呢？这一切似乎从没有人关心过。然而，如果我告诉你，在史泰龙成功的背后是接二连三的打击，你会相信吗？他被拒入门的次数是史无前例的，你会惊讶吗？

1946年，史泰龙出生于美国纽约的一个普通家庭，因为父母的关系不好，他从小所感受到的只有争吵与矛盾。在史泰龙11岁那年，父母终于离婚了，他与父亲一起生活，但是并没有得到父亲的关爱，他几乎成长为一个坏孩子。他在15岁的时候，已经上过12所不同的学校，最终也没有逃脱被开除的命运。

当再一次被学校开除之后，史泰龙不得不去费城与母亲一起生活，但他自己也没想到，这竟然成了他的人生转折点。因为他在母亲的帮助下，进入一所学习戏剧课程的学校，并拍了一部影片。这让史泰龙在颓废的人生中看到了曙光，他感觉到从未有过的自信，于是他决定朝着这个目标走下去，他要在这条路上找到自己的成就与尊严。

然而，事情却并没有史泰龙想象得那么简单，当他在费城考上迈阿密大学，准备认真学习表演艺术的时候，他的导师却给了他当头一棒：你不适合做演员。不过史泰龙很固执，他坚持要继续学习，他表示自己一定要在这种路上走下去。可惜考试时他却差了三个学分，这就像命运开的一个玩笑，他不得不从大学退出来。

为了自己的梦想，他只身前往纽约，想要在那里为自己的梦想找到一个实现的机会。只是现实如此残酷，史泰龙曾说过："最初在纽约，一切都那么艰苦，《教父》是当时的一部大片，而我连做群众演员的份儿都混不上。"

史泰龙眼看着自己离梦想越来越远，于是开始改变策略推销自己。他准备以自己的故事写一部剧本，这样才算是为自己量身打造，这样自己才有可能走上演艺之路。可是汽车旅馆简陋的条件让他没有办法专心，为了集中注意力，他就把窗户涂成黑色。他在这样的环境里写出了几部剧本，可是依旧没有导演肯用他，他再次绞尽脑汁，开始一家又一家地去面试，推销自己。

当时的好莱坞有500家电影公司，为了让自己演上电影，他便带了自己写的剧本挨家拜访。他将500家公司全部拜访完毕，可是没有任何一个导演愿意留下他。史泰龙在深深地绝望之后，再次从第一家开始拜访，结果又是全军覆没。这次他没有气馁，马上就开始第三遍拜访，结果一如从前。他没有被这样的现实所打倒，而是又开始了挨家拜访。

终于，在他拜访到第350家公司的时候，一名导演终于被他打动，说可以留下剧本看一下再说。过了几天，他便收到了这名导演的通知——可以试镜了。这部电影便是史泰龙的成名之作

《洛奇》，他完全根据自己的形象以及经历进行创作，用来表达自己内心的英雄情结，演出来的效果倍加真实，一下轰动了好莱坞。史泰龙很快成为纽约家喻户晓的人物，在经历1850次的被拒绝之后，史泰龙终于成功了。

启　示

SUCCESS

成功的唯一秘诀就是“坚持”二字，没有谁能够不经打击便轻松推开成功之门。史泰龙的1850次被拒绝为他人生梦想的坚持添加了更加完美的色彩，也让我们看到了这样一个事实：只有做出实际行动，只有永不言弃，成功才会光临。

李安捧起奥斯卡小金人

失败时不沮丧、不放弃，时刻铭记梦想

实现梦想是每个人都不可或缺的生活目标，也许我们这一刻不能为梦想行动，但我们要时刻铭记梦想的存在。

李安，一名电影导演，一名曾获得过三次奥斯卡金像奖、五次英国电影学院奖、五次金球奖、两次威尼斯电影节金狮奖、两次柏林电影节金熊奖的著名导演，更是第一位荣获世界性电影奖项的华人导演。若干头衔与光环，让这个看上去并不高大的男人似乎更加英武，因为他靠着自己的坚持，站到了成功的巅峰。

1987年的时候，李安，这个出生在我国宝岛台湾的青年怎么也不会想到，在自己的身上会有着如此励志的未来。他当年鼓起勇气越过了父亲的阻拦，一心要去美国伊利诺大学戏剧电影系学习导演专业。可是，现实很快就让这个满怀热情的青年清醒了：在美国的电影界，一个华人想要混出点儿名气，这听上去怎么都像天方夜谭。

李安很明白，哪怕是一样的才能，如果自己不努力，只因为起点的不同、肤色的不同，就足以被人家给压到地里去。于是他凭着自己的努力，投入学习和生活中。在剧组，一个想当导演的有志青年只能从杂工做起，他耐着性子看管器材，剪辑影片，甚至连剧务这样的活儿也努力做到最好。

对于一个有梦想的青年来说，血气方刚能让他汲取更多的力

量，但这又是最不能承受的伤。李安当时就处于那个年纪，他看着自己的梦想每天都在别人手里传来递去，可是自己却始终碰不到一点儿机会，他的心是疼痛的。

可他坚持着，他用6年的时间在剧组里做着与电影有关却与导演电影无关的工作。有时他甚至觉得自己离梦想越来越远，他在反省自己是不是将梦想的目标定得太高。

在那6年时间里，每一天李安都会问自己几次：梦想在哪里？！现实如此残酷，人生如此短暂，可自己却日复一日地消磨于杂工与家务之中。那段时间里，李安的生活都靠着妻子一个人支撑，他除了是剧组的杂工，还是家里的“煮夫”。带孩子、做家务，样样不落，因为妻子必须为他们的一日三餐而努力工作。

这样的现实，对于一个因梦想而坚持的青年男人来说多么无情，李安站在生活的大江大河面前，感觉自己要被彻底淹没了。他总怕自己哪天忽然坚持不住，便从此放弃了梦想这个生命的动力。李安不是没有想过：还是像别人一样平凡地活下去吧，做个普通的工作者，每天养家糊口，没什么不好。他几乎忍着丢弃梦想的痛苦去报了一家计算机培训班，想重新开始生活，打算与梦想做一次诀别。

但这时妻子对他说了这样一段话：“计算机行业不少你一个李安，你的任务是争取得到奥斯卡的小金人，你要永远铭记自己的梦想！”妻子的话犹如当头棒喝，他立刻清醒地意识到了梦想对自己的重要性。他重新投入工作中，他不想抛弃自己的梦想，更不想做一个没有灵魂的人。

上天不会亏待任何一个努力的人，李安也迎来了自己独立执导电影的机会，并且以出色的艺术水平证明了自己。《理智与情感》《藏龙卧虎》《断背山》《少年派的奇幻漂流》等影片，让他收获喜悦与无数的荣誉。

启 示

SUCCESS

实现梦想是每个人都不可或缺的生活目标，也许我们这一刻不能为梦想行动，但我们要时刻铭记梦想的存在。只有铭记着自己的梦想， 我们才能肯定自己的所有付出，不放弃、不沮丧，从而在未来的某一天到达梦想的彼岸，成就因梦想而变得美丽的人生。

舒尔茨的咖啡店梦

儿时为父偷咖啡，立志用行动实现梦想

只要我们有梦想、有目标，并用坚持和行动去追寻它，最终就会得到巨大的回报。

霍华德·舒尔茨，星巴克全球咖啡连锁店的董事长，一个从贫民窟长大，靠着借款完成大学学业，最终把一家咖啡作坊经营成世界连锁店的人。最初，他并没有开咖啡店的梦想，一切来源于父亲的一封信。

舒尔茨是生活在纽约贫民区的犹太人，他有一位靠打零工养活全家人的爸爸，有终日辛勤劳作的母亲，还有一大群兄弟姐妹。他所生活的环境就是一个狭小的空间，而且头顶经常响起飞机飞过的巨大轰鸣声。在他的周围，多是一些整日厮混、不求上进的移民，那种混乱与恶劣的生活环境打造了舒尔茨的坚强。

对于舒尔茨来说，人生有太多难忘的事，可是最难忘的却是1961年的冬天。父亲因为车祸而失去了一条腿，他们全家人的生活陷入黑暗之中。没有工作的父亲看着全家的困顿，看着自己的现状，彻底对生活失去了信心。于是他整日酗酒，发脾气，动不动就家暴自己的孩子。

那一年，舒尔茨只有12岁，混乱的生活只给他一个梦想，那就是可以生活得温暖一些、平静一些。这个愿望看似不难，却难以成真。父亲在圣诞节那天又喝醉了，所有的孩子都不敢大声说话，为了避免被毒打，他们被母亲赶到风雪交加的大街上。

当舒尔茨走到一家商店门口时，被里面的商品深深吸引，他看到了一罐包装精美的咖啡，想起了早上父亲因为嫌妈妈准备的咖啡劣质而大发雷霆。他想在这个节日里送一罐咖啡给父亲，让父亲开心一下，让自己的家有一份暂时的安宁。

他做出了非常荒唐的事——趁着店主不注意，将咖啡塞进自己的衣服内。糟糕的是，他的偷窃行为被店主发现了，于是他只能抱着咖啡飞快地逃。他拼命跑回家，将咖啡送给父亲，父亲果然开心地笑了。可就在这时，店主寻着咖啡的味道找到了他家，结果舒尔茨惨遭父亲的毒打。

后来，舒尔茨因为踢美式足球出色被特招进入北密歇根大学，并成功地寻到了一份销售的工作。有一天，他接到母亲的电话，说父亲病重，想要见见他。可是他只顾着工作，两周后才回去。没想到父亲已经去世，而父亲留给他的是一个长满锈迹的咖啡罐。

舒尔茨一眼就认出来，这正是自己当年偷来的那一罐咖啡的铁罐，里面装着一封父亲留给他的信。父亲为自己不能给孩子温暖的生活而懊恼，为没能实现拥有一家咖啡屋的梦想而后悔终生。

舒尔茨终于找到了自己应该为之奋斗的目标，那不是要赚多少钱，不是要过什么样的生活，而是可以完成父亲的梦想，给家人一份温暖。于是他果断地辞去销售工作，进入当时只有四家分店的星巴克咖啡店打工。他从头学起，并且凭着自己的观察与研究给老板提了开拓市场的建议。可惜星巴克的老板并不听取他的意见，他只好在熟悉了全部的制作咖啡的流程和公司运营流程之后，自行创业。

经过4年的累积，他凑足了收购星巴克的资金，成为星巴克真正的主人。然后，他用自己的理念去经营星巴克，慢慢积累人气，再进军国际市场。如今，星巴克在中国的分店已经超过了3600家，而舒尔茨也成为咖啡业界的传奇。

启 示

SUCCESS

很多时候，梦想就像一盏明灯，因为有它的存在，我们的生活才会更有方向；而有时候，梦想又是生活的一种激励，它让我们发现自己内心所不可预见的力量。只要我们有梦想，有目标，并用坚持和行动去追寻它，最终就会得到巨大的回报。

哈兰·山德士晚年创立肯德基

好饭不怕晚，再晚的目标也能完成

只要我们自己不放弃对于美好的追求，那么不管过了多长时间，不管经历了多少失败，总有一天，我们会看到它开出美丽的花朵。

哈兰·山德士，世界快餐连锁品牌肯德基的创始人，他成功地发明了肯德基炸鸡，并将肯德基发展为全世界超过15000家的巨头快餐连锁品牌，哈兰·山德士的形象也随着快餐店而传播世界各地。

山德士的这份事业与他小时候的生活有关。1890年，他出生于美国的一个农庄，因为他早年失去父亲，由母亲一人辛苦抚养，在十来岁的时候，山德士已经会做十多个菜了，这培养了他对于烹饪的爱好。12岁的时候，山德士辍学，他做过零工，卖过保险，后来当了兵。但是40岁之前，山德士对于肯德基炸鸡还完全没有想法，人们也不知道有这样一种美食。

1930年，进入不惑之年的山德士遇上了经济大萧条，为了养家糊口，山德士在肯塔基州的公路边开了一家加油站。为方便路人，他一时兴起，在加油站边弄了点儿快餐提供给加油的客人，而炸鸡块就被包括在其中，只不过它还没有现在的名字。

很快，快餐店的利润就超过了加油站，于是山德士将快餐店扩大经营。政府为了表彰他的创业精神，便将“山德士上校”的名衔赠给他，一时间山德士的生意更加红火了。

就在山德士生意越来越好的时候，第二次世界大战爆发了，加油站与快餐店挨近公路，都被迫相继关闭。他不但一夜之间成了失业人员，还欠了不少的债务。这样，山德士一家的生活就只能依靠政府每月发放的105美元救济金支撑。

这时的山德士已经56岁了，那点儿钱也根本不够他一家人的生活开支。拿着105美元的支票，山德士对自己说："政府为了让我们活下去，每个月给我们105美元度日，那我是不是可以为自己和别人再做点儿什么呢？"

这时，山德士的脑海中想到了他的炸鸡，这小小的鸡块曾经是快餐店最受欢迎的食物。这是山德士自己研究出来的炸鸡方法，所以应该是一种无形的资产，他想：我为什么不把这个做炸鸡的方法卖给别人呢？

这个想法让山德士备受鼓舞，于是他很快地带上自己的炸鸡秘方与作料寻找收购者了。他穿着白西装，打着黑领结，像个绅士一样去餐厅做推销。可是，山德士没有想到，他走了一家又一家餐厅，却没有一个人愿意花钱买他的炸鸡方法。

大家都说："这个老头想钱想疯了，简直就是浪费我们的时间。"面对嘲讽，山德士并没有妥协，他对自己当初的生意非常自信，而且他也相信自己的炸鸡会受到人们的欢迎。带着这个信念，山德士一直推销了两年的时间，他先后被人拒绝了一千多次。

终于，当他从肯塔基州推销到俄亥俄州，走进一家餐厅的时候，他听到了一句："好吧。"这句简单的回答让山德士轻轻地松了口气，他很快地教给餐厅的人怎么制作炸鸡，餐厅每卖出一块炸鸡，就付给山德士5美分的收益。

正如山德士所想，他的炸鸡又风靡起来，一家又一家的餐厅看到了这个生意的卖点，纷纷找到他，表示要与他合作。1952年，第一家被山德士授权的肯德基餐厅成立，此后，山德士的生意越做越大，5年的时间里便在美国和加拿大开了400家连锁店。山德士上校的大名很快便成了快餐业的招牌，而他自己也因为不懈的坚持而终于成就了晚年的成功创业之路。

启 示

SUCCESS

很多时候，正确的道理并不是人人都认可的真理，所以它需要我们用全部的耐心去坚持。只要我们自己不放弃对美好的追求，那么不管过了多长时间，不管经历了多少失败，总有一天，我们会看到它开出美丽的花朵。

2

管好自己的时间

既要日积月累，
又要碎片化

管好自己的时间

既要日积月累，又要碎片化

管理时间的书籍特别多，然而大家看得多，却做得少，甚至比以前更难管理时间。明明有那么多时间，却抱怨时间太少，究其原因，不过是把时间消耗在玩乐或者不重要的事情上了。显然，人们缺少的不是时间，而是管理态度。

我们不妨把名人管理时间的故事的要点写在一张纸条上，这会激励我们更加热爱学习，如果害怕自己有时候狂躁地撕毁纸条，不如做很多个纸条，这样保证纸条不会全军覆没。

海伦·凯勒的光明无声世界

刻苦学习和记忆，每天10个小时

肯付出大量的时间和辛勤的努力，即使有天生缺陷的人也可以畅游知识的海洋。再苦再累，勇敢前进是成功的开始。

海伦·凯勒，一名没有视觉与听觉的女性，一个真正伟大的作家，美国哈佛大学毕业。她在世时，美国的每一位总统，都会邀请她去白宫做客。对于海伦来说，无声的世界与黑暗的天空都不算什么，因为她的内心一片光明。

在海伦刚出生的时候，她是一个健康的孩子，而且她特别聪明，6个月就能说话了。一周岁的时候，海伦的才智已经远远超出了同龄的孩子。父母看着自己的女儿，心里由衷地高兴。

可是这一切都止于海伦的一场疾病，她病愈后失去了视觉与听觉。海伦的世界一下跌入无声的黑暗当中，这让聪明的海伦受到了打击，她的性格开始变得怪异，独处的时候异常安静，可是面对他人的时候脾气又格外暴躁。

随着慢慢地长大，海伦越来越难以与别人相处。父母为了她的教育，为她专门请了一位家庭教师，她就是莎莉文老师。

当时的海伦还是个小女孩儿，她看不到自己蓬乱的头发，也看不到满身的泥泞，反正她不允许别人走近自己。当她感觉到沙莉文走过来时，聪明的她想到了来人手里一定有手提箱。于是她很快地冲上去抢，沙莉文赶紧把手提箱拿到一边。这让海伦非常生气，扯着沙莉文的衣服就要打起来，还好爸爸将她拉开了。

刚认识的一段时间里，海伦抗拒着沙莉文的靠近。但沙莉文的耐心慢慢打动了海伦，她开始跟沙莉文学习，并从中找到了学习的快乐。当她感受到自己会拼写盲文的时候，心里如同开出花来，非常高兴，于是她不知疲倦地让莎莉文教她写字。

她用手指摸着盲文，在内心里默读，然后不停地将记下的单词与句子写下来。因为每天写得太多，摸得太多，她小小的手指都被磨破了。她便让老师给自己包扎起来，再接着学。7岁的时候，海伦开始读第一本书，这给她打开了一个人生的新窗口。

在海伦10岁的时候，她意识到声音的重要性，拼命地想要学习说话。于是父母为她请来了盲哑学校的老师。老师让海伦把手放在自己的脸上，用手感觉别人说话时舌头与嘴唇产生的颤动，然后再学着发音。

这种过程是艰难的，可是海伦一点儿也不气馁，她不断地感受，不断地练习，经常把嗓子都叫哑了。在海伦的内心深处，她特别希望身边的亲友能够听到她说的话，能听懂她的话，所以她对词语和句子的准确性要求特别高。她觉得自己说话一定要说对，她要对自己的语言负责。为此，她夜以继日地练习。

就这样，她每天坚持学习十个小时以上，这对她来说，对身体的苛求比普通人艰难许多倍。这样高强度的学习和工作，海伦已经慢慢适应了，并且掌握了不少学习方法，她将一本20万字的图书只花9小时便读完，并且记忆深刻。

这让她很快就掌握了大量的知识，而且因为多读多练，她的记忆远远超过了普通人。海伦就是用这样的决心，先后学会了五种语言，并出版了多部作品，其中一本是世界名著《假如给我三天光明》。

启　示

SUCCESS

马克·吐温说：“十九世纪出了两个了不起的人，一个是拿破仑，一个是海伦·凯勒。”肯付出大量的时间和辛勤的努力，即使有天生缺陷的人也可以在知识的海洋里遨游。再苦再累，勇敢前进是成功的开始。

巴尔扎克工作不分昼夜
3天用坏10个笔头，高效创作无人能敌

世界上唯一公平的就是时间，不管你是什么身份，你有什么样的梦想，它都不偏不倚。

巴尔扎克，欧洲批判现实主义文学的奠基人、杰出代表，法国伟大的现实主义文学家，更是文学成就最高者的代表之一。他的一生与文字联系在一起，用20年的时间写出来了代表19世纪法国人生活现状的作品——《人间喜剧》，这是一部包含了哲学、风俗、分析等研究的文学历史书系，这套书因为包罗万象，被称为法国社会的“百科全书”。

虽然巴尔扎克有着这样多的美誉，可他的人生与那个时代的普通人的人生并没有什么不同，他甚至比不上别人。他从小被家人送进教会寄宿学校，6年时间里只与家人见过两次面，对于一个成长中的孩子来说，这正是非常重要的一段时间。

在这段时间中，他养成了独立思考的习惯，也形成了宏大、全视角的写作风格。

15岁的时候，他与家人一起迁居巴黎，他17岁进入大学，并没有取得优秀的成绩。因为他在骨子里只对文学情有独钟，他发誓要做“文坛的拿破仑”。所以他将上课之外的时间都充分地利用起来，去看书，听文学讲座。

当巴尔扎克最终不顾家人的反对而走上文学之路后，他便将自己关在了房间里，没日没夜地书写自己胸中奔腾的激情。这段

时间长达4年之久，最后他不得不为了生存再去面对房间以外的世界。

因为没有固定的收入，他的生活过得非常清贫，最经典的传闻就是他家有小偷在夜间光顾，他却只对小偷说了一句话："亲爱的，别找了，我白天都翻不到钱，你在晚上还能找到吗？"这就是他那时的生活现状。

为了爱好，他选择了文学，而为了生存，他不得不在文学上下苦功。他在创作作品的时候，经常两三个月不出门，几乎与外面的世界隔绝。在蜡烛的光影下，在咖啡的陪伴下，巴尔扎克一头扎进写作中，昼夜不分。咖啡在这段时间就是他最不可或缺的东西，因为这褐色的液体可以让他保持清醒。

巴尔扎克的时间是被分成写作与睡觉两部分的，他没有多余的时间去做其他事。白天与黑夜在他眼里完全没有区别，他一般都是从半夜时分工作到第二天的中午，在这12小时的时间里，他要修改稿件，要写新的作品。

吃过中饭，他便投入各种书籍与报刊的阅读中去，这样持续到下午四点。然后在五点钟吃晚饭，五点半上床休息，时钟刚刚敲响，十二点到了，他又起来继续工作了。也就是说，我们的工作时间在上午九点开始，而他却是从午夜十二点开始的。

巴尔扎克以这样的状态进入高效的创作之中，他用了一晚上的时间写完了《卢日里的秘密》一书，其间完全没有休息过；他花72个小时完成了《乡村医生》一书，这本书是他一气呵成写完的，这段时间内他几乎是不眠不休的；他只用了3天的时间就完成了著名的《高老头》一书。

他尽情挥洒着自己的才华，夜以继日地工作，让自己拥有了迄今为止任何作家无法超过的写作速度。曾经有法国的传记作家记载过巴尔扎克的工作情况，巴尔扎克的墨水瓶每3天就要重新装满一次墨水，这期间他要用掉10个笔头。

巴尔扎克就是以惜时如金的态度来对待工作的，他一生所留下的作品多达160余种。在写作方面，巴尔扎克是成功的，他对待时间的态度也值得我们学习，让我们懂得：时间是一个人可以掌握的财富，如果合理利用，就可以转化为人生财富。

启 示

SUCCESS

世界上唯一公平的就是时间，不管你是什么身份，你有什么样的梦想，它都不偏不倚。想要在有限的时间里去完成别人认为所不能完成的事，唯一的方法就是充分利用每一分每一秒。与时间讨价还价是不可能的，不抱怨生命的短促，不悲叹事物的流转，牢牢抓住当下就足够了，利用好时间是珍惜时间的最佳表现。

齐白石不教一日闲过

坚持每天学画，不愿虚度哪怕一天的时光

对于任何一个成功的人来说，他们所信奉的除了努力与坚持，就是对于时间的珍惜，不教一日闲过并不是什么难事，重要的在于你是否能一直这样对时间把握有度并持之以恒。

齐白石，中国画坛的一代巨擘。他擅长画虾，技术之精湛为世人所慨叹。齐白石一生不慕仕途，终日潜心读书作画，赋诗治印，传世之作不胜枚举。作为一名高产的画家，他一年就可以画出600幅画作，与此同时还会有书法及印章问世，其高产的原因与时间的合理运用不无关系。

对于齐白石来说，时间是衡量一个人成才与否的关键。在小的时候，他就深谙此中道理。当时他只有8岁，就读于外祖父任教的村中私塾。可是因为家中贫困，齐白石半年后便辍学回家，帮助父母牧牛砍柴，补贴家用。

同时，美好的农家风景激发了他作画的兴趣。于是他白天砍柴牧牛，晚上回来便用木柴棍在家里的地面上作画。14岁时他成了一名木匠，学习雕花工艺，他从此有了在纸上作画的机会，他不顾身体的劳累，每晚守着油灯学画。就这样，他每天作画的习惯一直坚持到成名，并持续了一生。

齐白石曾经认真回忆过自己的过往，从木匠到绘画大师这段时间，认真来计算的话，他只用了4年零4个月的时间，所以他觉得成功原来并不久远，也不是那么艰难。

齐白石是从20岁开始学画的，到35岁，在这15年的时间里，平均每天只学画1小时，一年就学365个小时，折算成天数是15天，15年的学画时间为225天。35岁到55岁时，平均每天绘画时间为2小时，20年折算成天数为620天。55岁到60岁，平均每天绘画10小时，5年的绘画时间折算成天数为760天。一共1605天，如果折算为年数，只要4年零4个月。

这就是齐白石合理分配时间、正确把握时间的过程，他将每一天的学习都不折不扣地完成，不做完这些事，他就感觉时间被白白浪费掉了。就算成名后，他也依旧惜时如金，每天都要作画，有一天不画就感觉心里难受。

他90岁生日那天，来了很多朋友为他祝寿，从早到晚他都没有时间停下来。等到了晚上，他虚弱的身体已经不能支撑，因此在那一天他没能进入画室作画。第二天一早，齐白石顾不上吃饭便开始进行绘画。

家里人都劝他吃了饭再画，可是他却充耳不闻。画完画之后，他匆匆地吃了早饭，再次回到画室。家人便问："你今天已经作过画了，为什么还不休息呢？"他却说："昨日因为过生日，不能作完一天的画，今天要多画几幅，来补全昨日的闲过。"不但如此，他还特意写下一幅"不教一日闲过"的横幅挂在自己的画室里，用以勉励自己。

这就是一代艺术大师的故事，他一生的画作之和恐怕已经没有人能计算得清楚，但大师终日不辍画笔的生活却已经成了世人所熟知的事实。而对于齐白石来说，每一天的绘画不过是他工作范围之内的事，与名利毫无关系。正因为这样不计虚名，惜时有度，绘画不止，他才成为家喻户晓的传奇之人。

启 示

SUCCESS

对于任何一个成功的人来说，他们所信奉的除了努力与坚持，就是对时间的珍惜，不教一日闲过并不是什么难事，重要的在于你是否能一直这样对时间把握有度并持之以恒。人生一世，不过几十年的光阴，与其坐在那里嗟叹时光苦短、去日无多，不如立刻行动起来，因为只有抓住时间的人，才是最终的成功者。

富兰克林从印刷工人到伟人

热爱生命，就别浪费时间

当我们立下雄心壮志，祈求百年不遇的幸运之机降临时，却不知道很多伟大的瞬间已经在琐碎的小事中溜走了。

富兰克林是一位成功的商人，也是一位杰出的科学家，更是一位有头脑与抱负的政治家。作为美国独立战争的领袖，他领导人们创立美利坚合众国，他带着人民开展独立运动，起草《独立宣言》，成为美国人民心目中的精神缔造者。而作为一名科学家，他改变了电学、电工学给人的最初认知，更破除了人们的迷信心理，征服了大自然。

虽然历史赐予了富兰克林如此多的美誉，却不足以表现他丰富又历经苦难的一生。他出生于18世纪的美国东北部马萨诸塞州的波士顿，那里是当时有名的贫民区。

在8岁的时候，富兰克林便出门打零工，其间只上过两年学，到12岁时，他已经是印刷厂的一名学徒工了。这也是他人生中最具标志性的职业，甚至他自己也始终自称为“印刷工人”。

可是贫困不会让有理想的人陨灭，富兰克林虽没上过多少学，但最喜欢看书，他自己就说：“读书是我唯一的娱乐。”他经常去找人借书看，到书店租书看。因为白天要工作，他就利用晚上的时间看，然后经过通宵的阅读，清晨再把书还回去。

这样的阅读量很快丰富了他的知识，他曾经用笔名给报社投稿，编辑看到他的文章之后，以为是名家的作品。如果说辛勤的工作是他糊口的方法，那么对读书的渴望就是他强大的精神支柱。

他在书籍的海洋中热切地吸收着一切知识，甚至自学了法语、意大利语、西班牙语以及拉丁语。富兰克林珍惜每天的时间，恨不得掰开揉碎，细细地运用，只有如此，才能满足他不断增加的求知欲望。

17岁时，富兰克林已经拥有了足够的自立资本，他深信自己的学识可以让他走上社会打拼出一番事业。于是他独自一人到费城闯荡，用自己所学的印刷本领开办了属于自己的印刷所。

到21岁时，他已经非常受人尊重，他在费城创办了第一个青年自学团体“共读社”，组织所有热爱阅读的人进行文学、科技、哲学等问题的讨论与探索。到25岁，富兰克林又开办了北美第一座公共图书馆，在45岁时，他创办了费城学院，这个学院就是现在的宾夕法尼亚大学的前身。

富兰克林的人生是丰满的，他的时间被充分利用起来，他一边关心工人的生活，一边放眼民众团体，还利用自己所学的电工知识不断尝试发明。在一次又一次的努力之后，他发明了避雷针、新式火炉、高架取书器等，这些东西几乎每一样都可以让当时的人们向着文明生活迈进一大步。

这就是富兰克林向往的生活：人们生活自足，却又精神丰满，这才是真正的人生。即使后来做了美国总统，富兰克林也没有放弃对自己的严格要求。

他曾经说过，如果你热爱生命，那么请别浪费时间，因为时间是组成生命的材料。富兰克林的一生充分证明了，他热爱着自己的生命的同时，也热爱着生命的组成部分——时间，因为他无时无刻不在和时间赛跑，让生命绽放光芒。

启 示

SUCCESS

当我们立下雄心壮志，祈求百年不遇的幸运之机降临时，却不知道很多伟大的瞬间已经在琐碎的小事中溜走了。我们荒废了时光，更放走了机会。唯有认真地利用自己的时间，不浪费一分一秒，那么我们才有可能从中获得意想不到的宝贵财富。

李贺短暂人生佳作多

天生鬼才，呕心沥血作诗书

生命的长短从来不是衡量一个人成功与否的标准。

李贺，字长吉，中唐至晚唐诗风转变期的代表者之一，他是唐代宗室郑王李光的后代，从小才华出众，又因其诗多具幽奇、冷艳及诡异、凄唳的情调而被世人称为“鬼才”。与很多成功人士相比，李贺一生较为凄惨，其才华出众，却终未被朝廷认可；天妒英才，他年纪轻轻便重病而亡。但他在短暂的生命历程之中，却写下240多首诗作。

李贺7岁的时候便被乡邻盛赞，成为大家口中的传奇人物。著名的大诗人韩愈看了他的诗也被他的才华所震惊，对当时的侍郎皇甫湜说：“如果这是一个古人，那也就算了，可他却偏就生于今世，我们怎么能不去见识一下呢？”

于是两人一起去探访这个传说中的人物。见到李贺后，他们大为感慨：原来是这样一个乳臭未干的小孩子！韩愈想要为难一下李贺，便当场出题以试其才华之真伪。李贺腹有诗书自然不怕，他从容地在大文豪面前蘸笔抒文，做出了著名的《高轩过》。韩愈看完，与皇甫湜交口相赞：“真是天才，果然名不虚传！”

一个7岁的孩子，若只凭着一时的聪明或许可以让人称赞，但想要成为大文豪嘴里的天才恐怕就不那么容易了。这与李贺自小便勤奋苦读不无关系，他从小就对诗文极为敏感，立志要读书报国，所以终日沉迷于诗书之中，每天看书到深夜，不知疲倦。

有时为推敲一句诗、一个字，不知不觉便研读到三更天，但他却因为得其意而不肯入睡。母亲为此多次起来劝说，他才不得不去休息。如此用功勤奋，自然学问精进，所以李贺17岁时便成了京城非常有名的诗人。

只是李贺的运道不怎么好，因为太有名，他被当朝的一些人嫉妒，因此没能得中进士，这让他非常不满。但他没有因此荒废自己的学业，而是将所有的不满都寄予诗文之中，每天更加刻苦地用功读书。

虽然没有人约束李贺，可他却日日严格鞭策自己。平时出门时骑着驴子，总要在背上背一个小包。他就这样一边走一边想，一边吟诵一边记录。想到好的句子时他怕回家已经忘记，于是便立刻写在纸上，然后装在身后的小包里。

回家之后他要做的第一件事就是打开小包，看自己今天记录了多少好词佳句，然后进行细致的整理。有时因为一天所记诗句太多，他连饭都来不及吃，一直整理到深夜。母亲看在眼里疼在心上，说："我的儿子这是要呕心沥血才肯罢手呀！"

正是因为李贺这样笔耕不辍的态度和精神，才让生命短暂的他在诗坛上留文甚多。据说，在做奉礼郎的3年时间里，除去日常的工作，他都用来写诗作赋。因为阅历的增长、知识的丰富和对时间的争分夺秒，他仅在那段时间便写下了60多首诗。其诗又多"深刺当世之弊，切中当世之隐"，从而深受世人的肯定，让他留下了不朽的声名，也奠定了自己在中唐诗坛的杰出地位。

启 示

生命的长短从来不是衡量一个人成功与否的标准。李贺虽然一生短暂，但他从不虚度年华，终以自己的佳作赢得了精彩人生。我们的人生不可能一帆风顺，在遭遇波折后，我们可以表达不满，可不能荒废学业或者职业等，而是要用更努力的态度来面对波折，因为“短暂”的人生容不得半点浪费。

马克思勤奋楷模
与时间赛跑，取得伟大成就

只有学而不厌又勤奋上进的人，最终才会成为与时间赛跑、赢得真正收获的人。

马克思，世界无产阶级的伟大导师，他集政治、哲学、经济以及革命理论于一身，并且每一样都做得出色又成功。在这位真正的伟人身上，我们看到的除了为人类进步的奋斗之外，更有他一生笔耕不辍的现实生活。他曾经说过一句话：“时间是世界上一切成就的土壤。”因此，他为了收获自己的成就，在时间这片土壤上奋斗拼搏了一辈子。

马克思有一个很普通又快乐无忧的童年，这让他养成了积极乐观的生活态度。青年时代，马克思是勤奋好学的学生，对于哲学、政治学以及经济学都进行过大量的研究，并积极著书写论。在这段时间，学习的丰富与知识的积累奠定了他正确的人生观与世界观。对于马克思来说，他的整个学生时代都是他认真学习的过程，时间成为他分秒必争的追求。

他不仅要修多门学科，还学习了法语、英语、德语、西班牙语等五国语言。这样花费大量时间学习让他的健康受损，最为严重的是，他曾经两次因为勤于学习，造成身体上的劳累过度而不得不被强制休养。在他的眼里，人生苦短，要做的事太多，这让他着急不已。

《资本论》是马克思终其后半生而写成的著作，这本书用掉了他40年的时间，而在这40年里，马克思经历了几经搬家的颠沛流离之苦。当时，马克思刚刚因为工人运动而被法国政府驱逐出境，这让他的生活陷入衣食无着的境地。

为了能吃上饭，他不得不将家里的东西都典当出去。当他到伦敦时，却因为付不起一个月6英镑的房租而惨遭驱赶，最终全家7口人只能住在两间小房子里。为了便于工作，他努力地争取到了伦敦博物馆的阅览证。

从此，阅览室就成了他办公的地方，他在那里收集资料，做笔记，工作强度非常大。通常他都是上午九点钟在博物馆开门之后便进去，一直到晚上八点关门才离开。有时他为了省下一片面包，不得不饿着肚子工作。

马克思回到家之后，也不能休息，他必须把在博物馆里抄来的笔记和资料进行整理，要到凌晨三点钟才能上床休息。

马克思为了《资本论》没日没夜地工作着，不管刮风还是下雨，他都准时前往博物馆。他常年的饮食标准就是一顿饭只有几片面包与白开水。有时实在太累了，头碰到桌子就有可能睡着，这时，他就站起来跳两下，振奋精神。

等发表《资本论》第一卷时，他为编写此书所阅读过的书籍已经多达1500多种，所记笔记有100本之多。从马克思的一生我们可以看到，他的伟大是在艰难中通过努力成就的，如果没有与时间赛跑，他很难取得伟大成就。

启　示

马克思曾经说过，任何节约归根到底是时间的节约。当我们在有限的时间内做出了超越有限时间的事情，那便是我们真正的收获。只有学而不厌又勤奋上进的人，最终才会成为与时间赛跑、赢得真正收获的人。

康德的时间管理

每日计划规律，从不改变自己的时间节奏

有人说，执着者不一定成功，但成功的人一定执着。

伊曼努尔·康德，德国哲学家、思想家，德国古典哲学的创始人。康德除了对现代欧洲学术产生巨大影响之外，对于天文学与星云学的贡献也非常大。在康德的一生中，规律与执着就是他的生活的全部，其中就包含对时间的精确规划。

康德从小深受母亲的影响，他曾经在自己的传记中，表达了对母亲的敬意，他认为家庭教育就像一颗种子，使他受益终身。康德从出生起，身体就不好，不仅如此，他还是高度近视，他瘦小到只有1.57米的身高，头却相对有点儿大。

为了这个体弱的儿子，母亲付出了很多，教导康德对待其他事物都要有一颗虔诚之心。正是因为如此，康德才非常专注地进行着时间管理，不虚度，不浪费，每天在准确规定的时间里做计划好的事情，一生不变。

对于康德来说，他不能也没有理由去改变时间以及在这段时间里一定要做的事，他唯一可以做的，就是按着这些时间去完成或者超越自己要做的事情。如果没有在规定的时间内完成计划，只能说明自己浪费了时间。

有一次，他要去珀芬小镇拜访自己的朋友威廉先生，他事先写信与威廉约定了时间：自己将会在3月5日上午十一点前到达。3月4日，康德赶到了小镇，于第二天赶去距离小镇20千米左右的

威廉家。

可是当他快要到达的时候，却发现河面的桥坏了，过不去了。这时康德问载他的马车夫有没有另外的路，车夫说有，但需要行走40分钟才行。这样康德就迟到了，这对他来说是绝不能允许的事。于是他用两百法郎租下了一个农妇的房子，从上面拆下一些木头，快速地修好了这座桥。终于在十点五十分，康德出现在了威廉的家里。

有人说，执着者不一定成功，但成功的人一定执着，康德就是这样的人。他不只对别人守时，对自己同样严格要求。在他的生活中有一套雷打不动的作息时间表，在若干年后甚至现在，这份时间表依旧被人们所津津乐道。

通常他在早上四点四十五分起床，然后抽一支烟，喝两杯茶，便开始备课。七点到九点是他的上课时间，下课之后一直到十点四十五分，他要进行写作。然后，他才接待客人、接收新信息。

他每天下午四点到五点要散步一小时，他散步时从来不与人说话，因为他怕别人打乱他的步伐而改变时间节奏。他也从来不与朋友一起散步，因为他认为与别人一起散步就会因为迁就对方的步速而改变了自己的步速。

康德几十年如一日的散步规律，成了邻居们判断时间的重要标志。他一生只有一次打破了自己的规则，那次是因为看卢梭的《爱弥儿》入迷，结果忘记了散步的时间。邻居们因为看不到康德出门，都怀疑自己的表出了问题，甚至认为教堂的时钟也提前了。

康德就是用这样几近苛刻的守时、惜时的态度对待自己的工作与学习的。正是因为这种执着，康德终于在46岁那年当了教授，从而实现了自己一生唯一的愿望。

启 示

SUCCESS

有人说，执着者不一定成功，但成功的人一定执着。我们总是在时间充分的时候进行挥霍，却最终又在流逝的时间面前懊悔不已。与其在事后进行追思，不如采取最易成功的做法，即珍惜当下的每一分钟。

李开复合理分配时间

善于利用碎片化时间，掌控时间

当你再想高喊“我没时间”时，当你再为没完成任务悔恨时，不妨将这些看不见的时光计划做未完成的事，这些看不见的时光是时间的碎片，利用起来便延长了你有限的光阴。

李开复出生于中国台湾，他是卡内基梅隆大学的计算机学博士、副教授，他曾是苹果、SGI、微软和谷歌等多家IT公司的高级员工，如今，他是创新工场的董事长兼首席执行官。对于李开复来说，这一切的成就都在他的把握之中，因为他是个善于利用时间碎片的人。

据说，李开复4岁便开始上小学了，这样确实要比同龄的孩子节约了好几年的时间。而要上小学却是他自己的要求，完全不是出于家长的意愿。对于学习，李开复从来不觉得累，上大一的时候，他便非常有意识地对时间进行分配，因为他所要学的东西太多，美术、历史、哲学，甚至音乐，都是他感兴趣的课程，他必须用与别人一样的时间去接触所学专业之外的东西。

对于李开复来说，时间在他眼里似乎从来就不成问题，别人需要两天完成的工作，他只要一天就足够了。2009年，李开复决定自己做老板，这对于年过半百的人来说实在太过冒险，以至于被朋友规劝：“你快50岁了，干点儿什么轻松的不好？”

但李开复非常自信，他开始对市场进行全面的调查与分析，并于2010年成立创新工场。然后，他开始选项目，求发展，在接下来的4年时间里，他了解了500多个项目。项目最多的一年，他曾经一口气投资了20多个项目，这样的充沛精力在一个青年人身上都很难看到，可李开复却做得从容不迫。

李开复是忙碌的，但他做事很有计划，每天早上通常在五点钟开始投入工作，先是用三个小时的时间用来回复邮件。这个过程琐碎而杂乱，但他却耐心地不错过任何一个细节，这让其他创业者崇拜不已。

九点钟的时候，他会准时出现在公司里，参加董事会，与负责人一对一地了解项目进展，甚至帮助创业者解决招聘、融资、活动等问题。就算这么忙，他对于自己的媒体信息也都从来没有忽略过，微博的时时更新就是他最从容镇定的证明。

除了对计算机的项目开发之外，李开复还创办了“我学网”，亲自带着专家们为青少年答疑解难。有人很质疑，那些回复是不是真的出自李开复之手。后来被证实，有着李开复署名的留言都是他亲自回复的，这些回复分布在不同的时间段里：有早上五六点钟的，那是他浏览网页时间歇回复的；还有上班的路上，他也会回复一些；哪怕是在机场等候航班，他也会随时为学生解答一些问题。这些恰恰就是李开复善于运用时间碎片的例子，他将这个办法说给别人听，自己也一直在用着。

别人眼里的李开复最不缺的就是时间，而最缺的也同样是时间。在创新工场有这样一个笑话，李开复的小女儿问他哪天可以不工作了，李开复笑着回答“2月30日”。2月哪来的30日呢？这让他的同事都衷心叹服：开复简直不需要休息，他一天里做的事情，我几乎需要两天才做得完。

李开复觉得，与最重要的时间相比，会掌控时间更重要。他每一天每一刻，似乎都在掌控时间，有序地运用着碎片化的时间，有效地进行着事业的创新。

启 示

SUCCESS

当我们坐在桌前发呆、上网、喝咖啡的时候，不会想到时间离我们越来越远。那些虚度的时光，足够我们用来读一段文字，背几个英文单词。当你再想高喊“我没时间”时，当你再为没完成任务悔恨时，不妨用这些看不见的时光计划做未完成的事，这些看不见的时光是时间的碎片，利用起来便延长了你有限的光阴。

爱尔斯金忙里偷闲
充分利用5分钟，成就伟大作家

灵活掌握时光的人自然会抓住时间的规律，能够合理地运用它；而抓不住时间的人，再怎么节约、再怎么挤时间，一样只能看着时光流逝。

爱尔斯金，美国近代诗人，出色的钢琴家，还是著名的作家。在他看来，人类的生命就是由一点一滴的时间组合而成的，而这些时间如果被充分地利用起来，就有可能为你带来意想不到的收获。爱尔斯金便是这种方法的受益者，所以他深深地相信，人是可以从短短的间歇时间中获得足够大的成就的。

在爱尔斯金没有领悟这个道理之前，他也和我们一样，总是对着很多要做的事，以没有时间为借口，眼睁睁地看着时间被荒废了。可是他在14岁的时候遇到了钢琴老师卡尔·华尔德。当时，卡尔·华尔德老师问他："你每天用来练琴的时间有多少？"

爱尔斯金说："三四个小时。"当时的他一直认为，每天花的时间越多，效果就会越好。可老师却说："不要这样，因为当你慢慢长大时就会发现，人生的时间并不可能总是如此充裕，如果你每天都在等三四个小时的间歇时间来练琴的话，那恐怕有可能一次练习时间也没有了。你要养成一种用很少的时间去练习的方法，每天一有时间就练一会儿，哪怕一次只有5分钟。当你有意识地将这种习惯坚持下来，便会意识到，练琴已经成了你生活中不可或缺的一部分。"

这一小段谈话结束之时，爱尔斯金还没有完全领会其中的道理，所以他继续将自己的时间分配给所谓重要的事情。

直到进入哥伦比亚大学，爱尔斯金有了新的爱好，那就是写作。他非常想利用空闲时间来搞创作，可看一下自己全天的时间分配表，除去上课、人际交往、写作业等之外，似乎已经没有一点儿时间可以供自己使用了，哪怕是夜晚，他都没有办法挤出一小时来。

他一边苦恼着，一边就这样度过了两年的时间，写作就像一个梦，一直若即若离。偶然的一个机会，爱尔斯金想起了钢琴老师卡尔·华尔德曾对自己说过的那段话。

此时离14岁已经过去了好多年，他回想着老师说的那段话，又一次打量了自己的时间分配，5分钟的间歇时间被轻而易举地挑了出来。于是，他每天利用5分钟时间坐下来写一段文字。这段文字非常短，有时甚至只有100个字。

这样坚持了一段时间之后，他忽然发现自己竟然已经写了厚厚的一大摞，他将这些手稿修改，整理出来，便成了自己的第一部作品。时间就是这样，挤出来的一点儿时间如果不利用起来，挤了也白挤；而如果用来有所作为，那么积少成多，成功也就成了必然。

爱尔斯金仿佛受到了这个方法的鼓励，于是开始热衷于这样的时间法则。他的工作一直很忙，但这样零星的碎片时间却一点儿也不少，吃饭后的休息时间，课间的休息时间，甚至是走在路上的时间，他都可以用来思考，并很快抓住5分钟闲暇将这些思考写进自己的作品中去。

他不只挤出时间用来写作，还将练琴的时间也这样挤了出来。这样日复一日之后的某一天，爱尔斯金成名了，不但弹琴出色，而且写作也很有名。他只是凭借充分利用5分钟的方法，便从一个完全没有时间观念的人走上了成功的光明大道。

启 示

SUCCESS

灵活掌握时间的人自然会抓住时间的规律，能够合理地运用它；而抓不住时间的人，再怎么节约、再怎么挤时间，一样只能看着时光流逝。时间不可能积攒得住，但将零散的时间用来认真思考，在零散中进行一次又一次的行动，最终却可以获得巨大的成就。这就像歌德所说的：“善于利用时间的人，永远找得到充实的时间。”

3

管好自己的兴趣

一生不可缺少，

不因他人否定而放弃

管理好自己的兴趣

一生不可缺少，不因他人否定而放弃

发现自己的兴趣，可以感受到灵魂的跳动。每个人都应该有自己的兴趣，不能死读书，不能当工作狂，兴趣是一种放松方式，可以减压。当人们把兴趣发展成工作的时候，还可以让人生的色彩变得不同。

优质的兴趣不能因为他人否定而被自己否定，不能因为新兴趣而放弃，不能因为孤独而松手，不能因为出丑而抛弃。当我们把兴趣变成人生不可或缺的一部分，对它不放弃、不抛弃，坚持10年、20年后，我们的人生也许会变得不一样。

周星驰喜欢演戏

在孤独中准备6年，培养别具一格的精湛演技

在重重打击之下，有些人经受住了失败的风吹雨打，坚持了对梦想的信念，最终真的走近并实现梦想。

提起周星驰的名字，几乎无人不知。他在香港电影界占有重要的一席之地，而在喜剧电影上也自成一派，并带动了喜剧影视的大发展。他所独有的无厘头喜剧表演，让每一个看电影的人都不自觉地被打动。当我们看着电影笑到流泪的时候，可能不会想到，曾经的周星驰只是剧组里一个路人甲而已。他从被人唤作“星仔”的普通工作人员一直到如今的“星爷”，可以说已经遍尝了演艺事业的酸甜苦辣。

1962年，周星驰出生在香港，他的名字是母亲取的，源自《滕王阁序》中的一句：“雄州雾列，俊采星驰。”这就是母亲对他的定位与期许。不过周星驰从小家庭不幸，父母之间的关系并不好，并在他7岁那年离婚。

于是，他与姐姐同妈妈一起生活，这样的生活现状令周星驰养成了沉默少言的个性。他学习一直不怎么好，却一直对李小龙很崇拜。所以上了中学之后，他的志向就是做一名像李小龙一样的演员。

对于周星驰的演员梦几乎没有人看好，妈妈不同意，他就独自去考无线艺员训练班。结果出于各种原因，他落榜了。演员梦想的破灭让周星驰痛苦了好久，但他并没有因此而放弃，反而更

加坚定了一定要演戏的决心。

当时女星戚美珍是他的邻居，在她的介绍下，他去了剧组跑龙套，他决定从最底层做起。在剧组里，人们都叫他星仔，他除去上了少数的几个龙套镜头，多是跟着剧组打打杂，他这样说：“有时候，就算是演个死尸也要浪费一升的口水才能争取到。”

好几年时间过去了，周星驰身边的好友已经成了名，而他依旧是个跑龙套的星仔。没有人注意到这个不起眼儿的群众演员，那种酸楚与期待是在那段最为艰难的时光中时常与周星驰相伴的，可他却把这些看作对自己的考验。

成名后，他这样回忆当年：“别人都认为你不行，你偏要陷在其中，感觉很孤独……可是我依旧努力地研究了6年表演，这样等到机会来的时候，我就不怕了，因为我用了那么长时间做准备。”

1987年，周星驰终于迎来了人生中的转折，他在《生命之旅》中与当时大红大紫的万梓良合作拍戏，这让万梓良看到他的能力，并在后来与他再次联手出演《他来自江湖》。就这样，周星驰逐渐从没有台词的大龙套演到了配角，并于1988年因在《霹雳先锋》中的精彩演出获得了香港金像奖最佳男配角奖项。

这算是周星驰演艺事业风生水起的开始，他很快便将自己积聚已久的表演技艺发挥了出来。那些痴笑怒嗔的无厘头演技也有机会全面展示。进入20世纪90年代，周星驰的能力已经有目共睹，他几乎成了导演们眼中最别具一格的演员。

1999年，他自编自导的《喜剧之王》一举成为香港最卖座的电影，而他自传式的电影内容也打动了所有的观众。2002

年，他的《少林足球》赢得了更多人的肯定，获得香港金像奖的七项大奖。

如今，周星驰这个当年最不起眼儿的星仔，在众人口中已经被尊称为“星爷”。他凭着自己的努力，让观众看到了喜剧电影的标准，他也凭借着坚持，让自己屹立于影坛，并成为喜剧电影票房的保证。

可如今的周星驰却着重强调：“其实我是个小人物。”是的，周星驰被人们称为“温暖励志小人物”，我们可以在这个“小人物”身上，看到他坚定执着的演员梦想一直都在，而且他越走越好，越走越成功。

启　示

SUCCESS

社会是实现理想的基石，当我们走进这个社会，奔着自己的理想努力的时候，就会发现它的残酷。一次次努力，却一次次失败，打击让人痛不欲生。而有些人经受住了失败的风吹雨打，坚持了对梦想的信念，最终他真的走近并实现了梦想。

窦文涛爱上朗读

要珍惜每一个当众出丑的机会

在兴趣上，很多人都会遇到一些窘事，并不是所有人都有勇气面对当众出丑的时刻，但把这种窘事儿当成一种激励，那就是一种激励自己奋进的动力。

窦文涛，凤凰卫视的著名主持人，他的主持风格时而铿锵有力，时而幽默诙谐，严肃起来如同指掌风云的政治家，轻松起来又似风趣亲切的邻居。在外人看来，他是一个外向的人，说话滔滔不绝，但他内心中是个腼腆的人。

这就是多面的窦文涛，时常切换的个性也展现在他不同的节目里，所以窦文涛的节目，不会有雷同感。而他也因为自己优秀的主持才能获得了一系列的奖项，从而被推上成功人士的舞台。

其实，对于窦文涛来说，他做梦都没有想过自己会当上主持人，而且还这么知名。不是他不爱这一行，实在是自己的性格与口齿让他不敢想。小时候的窦文涛是被妈妈当成女孩子来养的，上幼儿园时甚至还穿着小裙子。

这在窦文涛的意识里烙下了很深的阴影，所以造成他非常腼腆的个性，甚至说起话来会口吃。而且这种口吃的毛病一直到小学五年级都没有改变，一说到令他着急的地方就会口吃。为了把他这个毛病治好，哥哥在听人家说口吃的时候抽耳光就可以管用之后，就经常会突然打窦文涛耳光。事实上，这一点儿用也没有，倒是让窦文涛挨了很多打。

上了初中之后，窦文涛喜欢上朗读，朗读让他的口吃几乎消失了，而且在班级里，他朗诵课文的感觉还是非常好的。有一次，窦文涛被学校推选参加演讲比赛，而演讲稿也事先背熟了，所以大家都认为这没什么问题，只要正常发挥就可以。

可是没想到，还没上台，他就一下紧张起来，全身哆嗦，说什么也上不了台了。最后，老师将他强推上台，窦文涛站在那里，大脑一片空白。他就那样看着台下的同学，有一分钟的时间不知所措。他看到了台下异样的眼光，然后感觉到自己裤子湿了。当着全校那么多人的面，窦文涛被吓得尿了裤子，这是让他怎么也不能想象的事，他双手捂着脸，哭着跑下台去。

那件事之后，窦文涛感觉没有脸再见人了，只要女同学一笑，他就会想：这是在嘲笑我呢。因为这件事，他都没有办法好好地上课了。不过他当时的校长却是个很好的前辈，他找到窦文涛，说："你表现得很好，我要推荐你去参加区里的比赛。"

窦文涛完全不明白这是为什么，但是他却知道自己受到了校长的表扬，并因此而开始努力练习自己的演讲能力。这一次，窦文涛果然没有第一次那么紧张了，他这样对自己说：还能怎么样呢？总比那一次要好。

就这样，他在区里的比赛中进入前三名。自从参加完区里的演讲比赛之后，窦文涛感觉自己好多了，不但没有了那种见生人时的紧张感，而且口吃也得到了缓解，这为他以后的主持人之路奠定了良好的基础。

每每回想起尿裤子的糗事，窦文涛都会非常感慨，但他已经不感觉那是一件丑事，反而要感谢那一次的经历，因为没有那一次，可能今天的窦文涛会默默无闻。所以，当窦文涛在给主持人讲课的时候，总是会将当年的事拿出来说一次，这样对大家说：“要知道，你现在在十个人面前丢一回脸，将来就会在十万人面前把面子挣回来，所以我们要珍惜每一个当众出丑的机会。”

启 示

SUCCESS

在兴趣上，很多人都会遇到一些窘事，并不是所有人都有勇气面对当众出丑的时刻，但把这些窘事儿当成一种激励，那就是一种激励自己奋进的动力。面对兴趣，不懂没有关系，不会也不要紧，只要你肯用心去体会，放平了心态，出丑也会变成学习的过程。

高尔基宁肯挨打也要读书
为了看书，什么都能忍受

不管你有着怎样的生活目标，有着什么样的人生理想，读书都是你进步的必经之路。

玛克西姆·高尔基，世界著名的文学家，现实主义文学的奠基人，苏联文学的创始人之一。他用自己的一生为我们留下了许多经典的作品：《童年》《人间》《我的大学》《海燕》等。每一部作品都是高尔基对于世界文学的不朽奉献。在高尔基的身上，我们看到了渊博的知识，可真实的生活中，高尔基又是怎么来完成这些知识积累的呢？这恐怕还要追根溯源，回到他悲惨的童年生活才能窥见一斑。

高尔基出生于1868年，他的父亲是一个木工。在他3岁那年，父亲去世了，这让他与母亲的生活一度跌到人生的低谷。为了能吃上饭，他小小年纪便走上了打工的道路。在11岁之前，高尔基的文化程度只是小学二年级学生的水平，因为他只读过2年书。

可是他非常喜欢读书，只要有机会、有时间，他就会一心扑到读书上去。对于一个时刻处于饥饿状态的人来说，面包才是最好的慰藉，可是这样一个穷苦的孩子却这样说："我扑在书上，就像饥饿的人扑在面包上一样。"

在高尔基11岁那年，他为减轻家里的负担，去一家鞋店做学徒工。在当时的社会，这种学徒工无异于奴隶，不但要干工作分内的事，店主家的生活杂事也要打理。擦地板、劈柴、看孩子、洗菜等都是高尔基的工作。

可是他还一样保持着对书的热爱，没有钱买书，便尽一切可能去借。白天已经工作了一天，到了晚上别人早就累得不能动了，他却守在一盏小油灯下如饥似渴地看着书。女主人非常不能忍受高尔基这个样子，她说："到了晚上还要浪费煤油，不许看书！"

为此，经常抓紧时间看书的高尔基不是被打就是书被撕毁。高尔基却不为所动，他说："如果有人和我说'你去外面被棍棒打一顿就可以读书'，我想，我是会接受这个条件的，为了看书，我可以挨打。"

有一次，高尔基给店主烧开水，他一边烧火一边借着火光看书。结果他看书看得入了迷，水烧开了也没发现，茶炉被烧坏了。女主人顿时大发雷霆，拿起身边的木棍对着高尔基劈头盖脸地打了过去。

身材瘦小的高尔基被打得全身都是伤，木刺都扎到了肉里。别人将他送到医生那里，医生在他的背上拔出了十多根木刺。医生对此非常生气，说："怎么可以这样毒打一个孩子呢？你一定要去告他虐待儿童。"

女主人听说之后也很害怕，她怕自己被送上法庭，便马上恳求高尔基："孩子，求你不要告发我，以后你想做什么都行。"高尔基想了一下，认真地说："除非你让我在不干活的时候看书，我就不告发你。"女主人松了一口气，赶紧答应下来。其他人都说："这太便宜她了。"高尔基却说："为了看书，我什么都能忍受。”

就这样，高尔基用身体的疼痛换来了看书的机会，也换来了一点儿自己的时间。他认真看书，为自己打下了坚实的文化基础。在后来的岁月中，高尔基又参加过知识分子秘密学习小组，甚至在流浪生活时期，他也一直没放弃对读书的热爱。终于，他在1892年发表了短篇小说《马卡尔·杨德拉》，从此走上了专业的写作之路。

启 示

SUCCESS

高尔基曾说过：“书籍是人类进步的阶梯。”不管你有着怎样的生活目标，有着什么样的人生理想，读书都是你进步的必经之路。哪怕现在我们已经有了一定的知识积累，也一样要保持一种对学习的兴趣，唯有如此，才能在最关键的时候超越障碍，让自己拥有与巨人比肩的信心。

半臂凯利选美夺冠

想做的事，不会因为一声“不行”而放弃

勇敢是一个人在生活中不可或缺的品质，只有勇敢地面对，我们才能突破生活的局限。

妮可·凯利，23岁的美国女孩儿，2013年美国艾奥瓦州小姐比赛中的冠军。对于一个健全的人来说，这并没什么特别，可是当人们看到站在聚光灯下的妮可·凯利时却发现，她的左前臂是缺失的。人们惊讶着，甚至置疑这个冠军是怎么来的。但事实却是，妮可·凯利真的是经过了一场又一场的角逐才走进人们的视线，她用自己的努力成功地站在了冠军的领奖台上。

凯利的残疾是天生的，她出生时就没有左臂的前半截。可是父母却给了她乐观向上的性格。在培养凯利的过程中，父母总是将最富足的爱给她，让她感受到自己的缺陷并不可怕，甚至她并不比其他人差。

所以，凯利拥有完美的内心，她对自己的残疾从来不抱怨，也不回避。很小的时候凯利就会用开玩笑的口吻来回答小朋友的好奇:“我左手的半截手臂是某一次出海被鲨鱼咬掉了。”她这样解释自己少了半条手臂的情况，引来大家的开怀大笑。

凯利不仅具有良好的乐观性格，她还在父母的培养下学会了保持坚强和勇敢。无论是舞蹈还是棒球，甚至是潜水，她都做得很出色，她认为只要自己喜欢就应该去尝试，她觉得自己的世界里从来没有“不行”二字，她绝对不会因为别人的一声“不行”

而放弃。

正是因为这份自信，凯利非常幸运地找到了自己的喜好，那就是舞蹈，她认为，只有在舞台上，她才更自信，她从来不会因为别人的注视而感到自卑，她内心隐隐约约地觉得内心强大的美丽才是真的美丽。

2012年，凯利顺利地在内布拉斯加大学毕业，她的专业是导演与戏剧管理。然后，她成功地在纽约百老汇的曼哈顿剧院找到了实习的机会，并在实习结束之后去了芝加哥古德曼剧院继续实习，因为她想要成为一名百老汇的舞台监督。

这时的凯利完全没有想过要走上选美之路，所以她认真地实习着。可是，当有人告诉她关于选美的消息时，她内心开始思索，在自己的人生中，所有新鲜的事物她都想要尝试，哪怕她天生就与别人不一样。她这样问自己："我为什么不去参赛呢？这样我才能让更多的人认识、了解我，我会做得很好，而且肯定自得其乐。"于是凯利报了名，她成了选美队伍中的一员。

比赛中是有训练时间的，在这四个月里，凯利非常刻苦。饮食上她不能再像从前那样放纵，每餐饭都有着非常严格的定量要求。凯利努力地控制着食欲，穿起高跟鞋走台步，培训师对她的服装与姿态进行矫正，甚至说话时的笑容也要有所收敛，微笑着回答问题是比赛中的必需项目，她都一一地练习了无数次。

凯利的付出是有目共睹的，又出于她经常跳舞的原因，她充满活力，大方得体，而阳光的笑容也成了帮助她冲出重围的利器。凯利走上比赛的舞台，在评委们出乎意料的惊讶声中，用坚定又完美的嗓音唱出了《反抗引力》这首代表她内心独白的歌曲，这是《女巫前传》中的经典曲目，就好像为她量身打造的一样：“我要反抗引力腾飞，谁也不能阻止我……”

凯利成功了，她在掌声中成了分赛区的冠军。而那年9月份，她还要以分赛区冠军的身份进入全国性的比赛中去。可是这对凯利来说没有什么了不起的，她非常直率地说：“我的确有残疾，我参加选美，就是要站出来告诉每个人：虽然我与大家的外表不同，说话方式、言谈举止都不一样，但是我能做得很棒。”

启　示

SUCCESS

勇敢是一个人在生活中不可或缺的品质，只有勇敢地面对，我们才能突破生活带来的局限。当我们跌倒的时候，我们需要依靠勇敢带给我们的力量爬起来；而当我们遭遇打击的时候，更需要依靠勇敢的力量找回自我的坚强。

居里夫人痴迷于科学

两次荣获诺贝尔奖，却不重名利

人的一生不是以获得了多少财富作为成功标准的，而在于你对自己所坚持的兴趣付出了多少精力和时间，因为财富有时使人沉重忧郁，兴趣始终使人快乐放松。

玛丽亚·斯克沃多夫斯卡·居里，法国科学家，在化学与物理方面都有着备受世人瞩目的成绩，曾经两次获得诺贝尔奖（物理奖与化学奖），因此成为杰出女性的代表。她一生从事科学研究，并创建了“居里研究所”。她终生沉迷于科学梦，痴迷于科学研究，并献身科学。

居里夫人16岁中学毕业，当时她所处的环境还是俄国沙皇统治下的社会，所以女孩子是不被允许进入大学的，她只能去华沙做一名乡村家庭老师。可这并不是居里夫人的愿望，1889年，她偶然参观了一家农业博物馆的实验室，被那里面的东西迷住了，开始对科学实验产生了浓厚的兴趣。

从那以后，只要有时间，她就会到实验室参观，并慢慢地开始参与实验。这样的生活让居里夫人充分掌握了实验的基本技能，也让她更加向往这种以实验为工作的生活。

1875年，已经做了7年家庭老师的居里夫人终于迎来了上大学的机会，她独自一人从华沙来到巴黎，用自己多年积攒下来的钱交了学费。居里夫人是当时班里少有的几个女大学生之一，她长得很漂亮，所以追求者颇多，但她都不为所动。

当时她的姐姐就住在巴黎，她完全可以与姐姐一起生活，可是她却为了有一个自己的读书空间而租了一个小阁楼生活和学习。

因为没有多少钱，她一天只吃一顿饭，每天不间断地学习。冬天的夜实在冷得让她睡不着觉，她便把室内唯一的一把椅子压在自己身上，好让自己感觉可以暖和一点儿。就这样，她废寝忘食地学习、生活了好几年，一直到大学毕业，并以最优异的成绩获得了物理学硕士学位。

后来，她凭着自己的能力进入李普曼教授的实验室工作，与同一个实验室的皮埃尔·居里相识。两个人因为共同的工作、共同的爱好，最终走到了一起。居里夫人有了皮埃尔的支持，对于实验更加用心。

她很快就发现了化学元素中的放射线。通过对放射线的研究她发现了“镭”这种元素，从而获得了诺贝尔化学奖。可是她对于这样的奖项却并不看重，有一天朋友去她家做客，发现她将获得的英国皇家金质奖章给孩子当玩具。

朋友非常惊讶，说：“你怎么把这么珍贵的奖品给孩子玩呢？”居里夫人却笑着说：“我只是想让孩子在小时候就懂得，荣誉其实跟玩具一样，千万不能当成重要的事情看待，不然肯定不会成功。”

居里夫人就是这样淡泊名利，对于科学却一直孜孜以求。发现了镭元素之后，她又在这些实验的基础上继续进行放射性元素的研究。长期的实验工作，让她不断地承受辐射的影响，身体极为虚弱。

居里夫人从来不将身体受到的这些损害看在眼里，就如同不将奖章作为炫耀自己的身份地位的稀有之物一样，一心只扑在实验上。1934年，因为长期受放射性物质的影响，她得上了白血病。在生命垂危之际，她还尽全力书写实验的总结报告。

启 示

SUCCESS

人的一生不是以获得了多少财富作为成功标准的，而在于你对自己所坚持的兴趣付出了多少精力和时间，因为财富有时使人沉重忧郁，兴趣则始终使人快乐放松。当一个人完全地将自己置身于兴趣之内时，他的生命就会如同鲜花一般完美绽放。至于结果，完全可以将其看成一个无心插柳的意外。

安东尼热衷于烹饪

放弃家族生意，苦练厨艺，为奥巴马掌勺

如果人生是一成不变的，那么我们肯定非常痛苦，现实是，多数人都在养家糊口中度过日复一日的工作时间，只有少数人抓住了兴趣的尾巴，舍弃了丰厚的待遇，为自己而活。

安东尼・霍伊・冯，新西兰籍华人，职业为厨师，有很多人更愿意称呼他为“厨神”，因为35岁的安东尼已经是所有青年人心目中的励志偶像。他凭借自己对厨艺的爱好，从一个完全的门外汉，很快成长为厨师界无所不能的大神级人物，而且成功地走到了美国最高领导人的身边。

这样的经历看上去有些传奇，但确实是真事。正是因为安东尼的奇妙遭遇，很多人都纷纷幻想自己的梦想实现的可能性有多大。那么，安东尼之前的身份是什么呢？他的这个爱好是如何被激活的呢？

1977年，安东尼出生在新西兰的一个小村庄，家里做蔬菜水果的小生意，在当地也算小康家庭。而安东尼是在一个传统的华人家庭长大的，他的生活非常简单，几乎可以用“循规蹈矩”来形容。

他的任务是考上一个好大学，拿个学位，顺利地过上优质生活，这是父母的希望。安东尼也确实就是这样做的，他的智商很高，成绩优秀，学业都是顺顺利利的。他大学毕业之后，便以优异的成绩进入位于新西兰首都的IBM计算机公司上班。这对于一

个年轻人来说，应该是让同龄人羡慕的就业归属，安东尼的父母也很满意。

但安东尼却很难过，因为他发现，自己对这份工作并不喜欢，但为了让父母的殷切希望不破灭，他仍然坚持着。2003年，对工作产生了极度厌倦感的安东尼最终选择放弃了这份IT工作，重新回到出生的地方，与父母一起经营家族生意。

经营家族生意让安东尼产生了与上班时相同的感受，这让他很快产生逆反心理，他对家族的工作抗拒不已，而这时的他已经对烹饪有了全新的认识，认为那才是属于自己的最美好的工作。在坚持了一段时间之后，他再次离开家乡，前往美国进行烹饪技术的学习。

他到纽约之后，只在一家法国烹饪学院学了半年的时间，便进入当地非常高档的餐厅工作了。只是这份工作是没有工资可拿的，他需要从最基础的岗位做起。安东尼很喜欢这份工作，非常努力地埋头工作。

就这样，他不知辛苦地工作了三年多时间，一步一步地从最底层走了上来。在他有机会来烹制自己想做的菜肴时，已经是2010年。他的美国签证此时已经到期了。可是这些年的工作对他而言就是学习的过程，他还没有来得及发挥自己的能力，让人们见识一下他三年多来磨炼的烹饪能力。这时回国对他来说是非常遗憾的，他非常不甘心。

这个为了爱好而抛弃了家族生意的青年，他所能面对的似乎只剩下听天由命了。可是忽然有一天，幸运降临，他得到了一个为美国总统奥巴马下厨的机会。这对于一个厨师来说是一次无上的荣誉之行，可惜安东尼的护照此时已经过期，他的身份很尴尬。他想着，如果过不了审查，大不了直接被遣返回去吧。但他是幸运的，他很顺利地进入白宫，并且完成了这次白宫之行，受到了称赞。

成功的白宫之行为这个年轻人的生活带来了希望，纽约美食频道的一个主持人给了他一个工作的机会。从此，安东尼从一个默默无闻的帮厨成了副厨，这份工作带来的直接结果是他被留了下来。凭着这几年的努力，安东尼很快便将自己的名气打响了，之后他不仅多次为奥巴马下厨，而且成了餐厅的烹饪主管，被人们戏称“厨神”。

启 示

SUCCESS

如果人生是一成不变的，那么我们肯定非常痛苦，现实是，多数人都在养家糊口中度过日复一日的工作时间，只有少数人抓住了兴趣的尾巴，舍弃了丰厚的待遇，为自己而活。安东尼的成功所凭借的正是对于兴趣的执着以及全力的追求，所以他的人生不虚此行。

萨贺芬热爱绘画
孤独中寻找力量，如一束美好阳光

当上天为你关上一道门的时候，必定会为你打开一扇窗子，这就是人生的因果关系。

萨贺芬·路易斯，出生于法国的一个贫民女画家，也是当时稚拙派的代表。她的一生颇为传奇，可她的生活却单调到只能用绘画调节内心的孤独。在萨贺芬的世界里没有朋友，也没有家人，她的生活除了到各家做钟点清扫之外，便全然是独处时光。

最初，萨贺芬并不知道自己是个绘画的天才，她只是将深夜一个人的时间用绘画来打发掉，不知不觉中她培养了独特的绘画能力。在绘画中，她看到了自己的生活方向，所以不管多难多苦，她都努力地坚持着。

她的画多是由一些色彩斑斓、看上去又有着莫名诡异感的植物组成的，那是一种幽远与神秘，仿佛来自另一个未知世界的秘语。可以说，在没有被人们认识了解之前，绘画只是萨贺芬的一种单纯的兴趣，一种偏离了社会或者走进自我的自由之作。

突然有一天，她的画被一个德国的收藏家注意到了。这位德国收藏家叫威尔罕姆·乌迪，他以自己多年从事收藏的敏锐辨别力从萨贺芬的画中看到了巨大的潜在商机。他迅速地寻找萨贺芬，这时他才知道，那些在他心目中惊为天人的画作，原来只是自己邻居家的一个女佣所画的。

乌迪凭着一个商人的投机心理，又带着几分对艺术的敬畏，开始收藏萨贺芬的画作。而且他一直鼓励萨贺芬画下去，并为她开办了一场个人画展。当人们看到她的绘画时，几乎震惊了，没有人敢相信，这样热烈又神奇的画作会是一个没有经过专业学习的女佣所绘的。一时之间，市场上萨贺芬的画被抢购一空，人们将她奉为神人。

可这样的好景只持续了3年，1930年，法国迎来了经济大萧条，萨贺芬的绘画事业也遇到了阻碍。这对于萨贺芬来说是一次致命的打击，她第一次发现，自己的画原来也有滞销的时候，这让她非常不能接受。

这种再度被隔离于世界之外的感觉让她在精神上出现了问题，最终不得不被强制送进精神病院，其间她仍然默默绘画。1942年，萨贺芬在精神病院里孤独地死去，可是她却不知道自己的画作已经重新得到了世人的认可，并成为收藏者竞相追逐的对象。

可以说，在萨贺芬最孤独的日子里，是那些色彩斑斓的图案带着她走出孤单的，可是对于成名之后的失败打击她却没有能力承受。她与自己的绘画仿佛有着千丝万缕的联系，一经被人发现，便再也不能回到从前的幽深状态。最终，她只能抱着自己“朴素艺术”的精深画艺，被孤零零地葬在公墓里。

可是，不能否认的一点却是，在萨贺芬最为凄凉的人生岁月里，即使与世隔绝，她仍然没有丢掉绘画，心始终向着美好。从她的画里我们就可以看到那些带着疯狂甚至诡异的丛林和火焰形状，似乎就是萨贺芬最真的情怀抒发。她在控诉着世界的不公，也在呼唤着一种被认可的梦想。兴趣让她说出了更多的心里话，同时让她成为后来被人们所追捧的艺术家。

启 示

SUCCESS

当上天为你关上一道门的时候，必定会为你打开一扇窗子，这就是人生的因果关系。兴趣纵然只是简单的爱好，可是在我们最为孤独的时刻，它却能够熨帖我们的心灵，最终与我们的灵魂相契合，然后进行真正的、深度的对话。保持一份爱好，尊重自己的兴趣，相信有一天它会在阳光之下绽放。

王宝强一心想拍电影
为了演戏，始终不放弃

很多时候，梦想就意味着遥远，正因为如此，它才在世人眼中格外美好。可是想要实现这样的梦想，就只有忍得住苦，坚持等待，哪怕这段距离是你人生的大半时间甚至全部时间。

王宝强，中国影视演员，获得过诸多表演奖项，长相普通的他在演艺事业上越走越顺，让不少人羡慕不已，可谁又知道他在成名之前的所有坚持与付出呢？谁又知道王宝强一直对拍电影不离不弃呢？

1984年，王宝强出生于河北邢台市的一个农村家庭，从小没什么特别的地方。看了李连杰主演的《少林寺》这部电影之后，他对拍电影产生了浓厚的兴趣。他向自己的小伙伴倾诉了心中的愿望："要能去少林寺学武然后拍电影，那该多好啊。"

小伙伴们也感觉很好，于是便各自回家去找家里的长辈商量。结果，小伙伴们的这个梦想都被家长们否定了，只有王宝强与他的爸妈拗了好多天，最终独自进入心中的武学圣地——少林寺学武。

这一年，王宝强只有8岁，从河北来到河南的嵩山少林寺，开始了一段同龄孩子不能想象的生活。冬天的凌晨五点，天还没有亮，王宝强已经开始跑步了；夏天的凌晨四点，别人还在梦里，他早已跑得汗流浃背。他每次跑步都是从少林寺跑到登封市，然后再回来，相当于一个半程马拉松。这样的日子，王宝强一过就是6年。

1999年，王宝强终于结束了少林寺的习武生活，在第二年便踏上了开往北京的列车。他要拍电影，他用了6年时间来打基础、勤练武艺，这对于一个孩子来说是多么漫长的煎熬。可是当时家里生活条件并不好，他身上只有500元钱，这让他到了北京连个旅馆都不敢住。

王宝强只能找一个地下室，一个房间住6个人，还又潮又湿。王宝强用拍电影的梦想支撑着自己，他要为了梦想而努力。王宝强成功后，每当他想起自己追逐梦想的岁月，感触良多，那时他对未来一直充满了期待，可追求梦想的过程却特别苦，他过的完全是吃了上顿没下顿的日子。

这样的生活并不是王宝强唯一的北漂经历，他在北影门口做群众演员的日子几乎天天如此。而且有时惨到不得不向家里人求援，这对于王宝强的电影梦无疑是更加痛苦的考验。但他坚持下来了，他实在饿得受不了时，就去工地给人家搬砖头、推车、撒灰、擦玻璃，几乎什么都干，没有别的要求，管饭就行。

有一段时间，王宝强没有机会去剧组当群众演员，他只好将工地当成主要工作地点。艰苦的生活条件有些惨不忍睹，睡觉的地方就是用帐篷搭出来的，下面全是杂草，遇到半夜下大雨就遍地积水，雨一停蚊子就成群地飞来飞去，根本没有办法睡觉。就是在这样恶劣的工作条件下，王宝强一个月只能挣到100元钱。

在北漂的这段时间里，王宝强刚好是半大小子，最需要的是好伙食，加上王宝强还是练武之身，更加需要大量的能量，所以他最大的感受就是饿，有时一天吃不到东西，到了晚上就一下吃五个馒头，撑得连水也不敢喝，因为怕胃会胀开。

这样的日子他坚持了好几年，慢慢有了一点儿人际关系资源，经人介绍，他干起了灯光助理的工作，不久因为工作努力，开始做场务的工作。朋友认识多了，大家都知道他会武功这个特长，所以有时间他也去做武行，几乎别人需要他的时候，他都抽时间赶过去帮忙，对待遇没有特别的要求，他那张笑嘻嘻的脸让人感觉特别真诚。

他对拍电影的渴望令人动容，这一点在人们与他面对面交流的时候特别容易感觉得到。命运之神终于在2004年对他伸出橄榄枝，让他在冯小刚导演的《天下无贼》中一炮走红，从而真正地成为一名职业演员。

启 示

SUCCESS

很多时候，梦想就意味着遥远，正因为如此，它才在世人眼中格外美好。可是想要实现这样的梦想，就只有忍得住苦，坚持等待，哪怕这段距离是你人生的大半时间甚至全部时间。我们常说，风雨之后见彩虹，如果我们连风雨都不能承受，那又有什么理由去等待彩虹的出现呢?

王献之书法人生

书艺超群，贵在坚持

从兴趣到成功，从来没有捷径可走，因为通向成功的路只有一条，那便是持之以恒。

王献之是东晋时期有名的书法家，是书法大家王羲之的第七个儿子。他从小继承父亲的衣钵，苦练书法，草书不亚于父亲，世人将他与父亲并称为“二王”，齐名于书法界。不过，因为他比父亲更擅长行书与草书，后来多为贵族所不喜，留传下来的作品也就没有父亲那么多了，但他独家所创的“一笔书”却让后人高度称赞。

王献之的书法成就离不开父亲王羲之的熏陶，因为当年王羲之的大名远扬四方，求字的人特别多，写字的时间也多，这一切都让王献之看在眼里。所以，书法成了王献之的兴趣，在很小的时候，他已经开始学习父亲的书法了。

有一天，王献之在房间里练写字，王羲之从后面悄悄进来，站在他身后。他见儿子写得极为认真，便猛然去拔王献之手中的毛笔，没想到却没有拔出来。这让王羲之大为吃惊，说：“我的儿子今后肯定闻名天下。”

王献之是王羲之最小的儿子，平时得到父亲关注的机会很少，这次握紧毛笔没被王羲之拔出的事情，让父亲王羲之发现了小儿子对书法的执着，所以才开始对他进行系统的教育和培养。

经过一段时间的学习，王献之认为自己书法水平有很大的进步了，而且被很多人称赞，于是他便写了一幅字，拿着去给父母看。他认真地问道：“父亲，以我的水平，再写3年可以追上你吗？”王羲之听了哈哈大笑，一言不发，母亲肯定地回答说：“不能。”王献之见父亲不语，又问：“那如果再写5年时间呢？5年还不行吗？”

母亲仍旧替父亲回答：“不行，远着呢。”王羲之依旧不语。王献之感觉未来的希望很渺茫，便烦躁了起来，说：“那到底要用多长时间才能达到父亲那样的水平呢？父亲为什么不传授我一点儿写字方面独家的秘诀呢？”

王羲之见他追问得紧，便指着院子里的一排大缸说：“我的秘诀就是用毛笔把这些缸内的水写完，你想要像我一样，就先把这些缸里的水写完吧。”王献之大吃一惊，这可是整整18口大水缸，想用完它们可不是一朝一夕的事儿，这太难了。可是父母并不以为然，这让王献之很是不服，说：“那我就写给你们看。”

从此以后，王献之天天在缸边写字，写完一口缸的水又写一口缸的水，就这样足足写了3年的时间，院内大缸里的水终于被他都写干了。王献之非常兴奋，立刻去书房写一幅字拿给父亲看，心想：“这下总可以了吧？”

可是王羲之看着儿子写的字，他看到“大”字松松散散之状，没有一点儿神气，于是他拿过笔，在“大”字下面加了一点，“大”字变成了“太”字，然后将这幅字递还给王献之。

王献之并不明白父亲的意思，所以他拿着字帖给母亲看，结果母亲拿着字帖仔细端详之后，说道：“我儿苦写千日，唯有这一点神似乃父之笔。”王献之看母亲指的那一点，正是父亲刚刚给添上去的。这让他非常羞愧，于是他从此再也不问时间，每日苦练毛笔字。

后来，王献之的字终有所成，得到了世人的认可，可他却一点儿也骄傲不起来，反而觉着书法之中的学问太多了，所以每日依旧研习书法，采集各家所长。他每天用在写字上的时间都很多，而且一生不曾中断。这才让他在后来的书法风格上区别于父亲的风格，有了自己别具一格的特色，并为后人所称道。

启 示

SUCCESS

从兴趣到成功，从来没有捷径可走，因为通向成功的路只有一条，那便是持之以恒。做一件事情，只有长期坚持，并认真地对待，才有可能走向最终的成功。而如果怕辛苦，嫌劳累，三天打鱼，两天晒网，那就只剩下半途而废了。

4

管好自己的个性

可以独一无二，

也可以普普通通

管好自己的个性

可以独一无二，也可以普普通通

个性如同标签一般，让我们成为世界上独一无二的人。个性像刺猬的刺，刺猬能举起“刺刀”来保护自己，而个性“刺”到别人的时候，自己也会受到伤害。

我们需要有个性，但不是使小性子。面对学习，我们可以严肃对待，也可以温和对待，还可以开明以待，但不能随意以对。个性是多种多样的，我们要找到适合自己的个性，让自己的个性变得优秀，这就需要管好自己的个性了。

文天祥史书留名

一身正气，坚贞气节，万世流芳

正直是一个人不可少的性格之一，正气是国家、民族的精神气节，更是清明的风气和刚正的气节。

文天祥，南宋著名的政治家、文学家，更是人们口口相传的民族英雄。文天祥一生短暂，但为人坚贞不屈，一身正气。他用自己的坚持与执着，谱写了一曲正义之歌，为后人留下了一段激昂奋进的英雄之歌。

文天祥的一身正气来自他的个性——正直。小时候，他就是一个为真理敢与世俗相争的孩子。那时的文天祥，因为家中贫困，衣着破烂，被私塾的同学们看不起。一次，同学的一块徽墨不见了，这样颇为贵重的物品的丢失，让大家一致怀疑是贫穷的文天祥偷的。

文天祥的解释没人愿意听，这让文天祥气愤不已，准备收拾东西离开私塾。后来那块徽墨终于被找到了，先生便问："不是你偷的，你为什么要走呢？你可知这样一走了之，会背一辈子骂名的。"文天祥却说："别人怎么欺负我都没关系，但绝不能践踏我的尊严！"这就是少年时代的文天祥，为人正直，情操高尚。

后来，文天祥读书有所成，去京城参加科举考试。在殿试的时候，皇帝亲自监考，他为各位考生出了一道对朝政提出己见的题目。别的考生都怕得罪皇帝，所以纷纷歌功颂德，唯有文天祥不同，他针对当时的朝政利弊，提出了整改措施，言辞恳切，直指痛点，视角独到。

而且他一口气将全文写完，共有一万多字，连个草稿都没有打，这让皇帝大为震惊。再看看文天祥的观点，句句切中当时要害，皇帝心中大喜，结果给文天祥点了一个状元。连当时的考官也赞誉文天祥："真是忠肝如铁！"

文天祥为官后，正值元兵对南宋不断进攻，文天祥力主抗击，不求和议。由于文天祥的坚持，朝廷几次发兵回击元人，这让元人特别忌惮他，于是便暗中派了使者来劝文天祥投降元朝，文天祥闻听大为恼怒，说："大丈夫立于天下，当与国家共存亡。"于是当场将来使杀死，从此元人谈文天祥即色变，也更加憎恨他。

1278年，文天祥在抗击元兵的时候被活捉，文天祥知道元人会强迫他投降，便要一死以保自身清白。他欲自杀明志，后来却被人救活。元人劝降他，他又绝食，以死明志，结果还是没有死成。

文天祥被押到元兵大营，面对元朝皇帝，他誓死不肯下跪。皇帝非常赏识他的气节，便再度劝他投降，结果文天祥一口拒绝。皇帝说："如果你不想投降也可以，那就劝你的手下投降吧，这也算你的功劳。"

文天祥却说："我自己都不肯背叛自己的国家，为什么要让别人背叛呢？"元人大怒，要将他杀死，文天祥坦然相对，张口吟出千古名篇《过零丁洋》："……人生自古谁无死，留取丹心照汗青！"

这让元朝皇帝大为感慨，说："南宋已经被我灭掉了，若投降，我便还给你原来的官职，这不都是一样的吗？”文天祥不为所动，说：“看着国家灭亡，做臣子的却不能拯救，我即使是死，也是死有余辜。”

最终，文天祥在狱中被关了3年，还是不肯投降，当元朝皇帝问他最后一个愿望是什么时，他只求一死，以报效自己的朝廷。文天祥47岁时，死在了元朝的监狱里。死后，人们在他的衣服里发现他写下的遗言：孔子成仁取义，只有忠义至尽，仁也就做到了，我们学习的目的是什么呢？从此，我总算问心无愧了。

启 示

SUCCESS

正直是一个人不可少的性格之一，正气是国家民族的精神气节，更是清明的风气和刚正的气节。唯有保持这样的浩然正气，才能把握正确的人生方向；也只有自身具备这样的精神，才能站得更直，走得更远。

葛洛夫铁腕人生
只有做“偏执狂”，才能生存

人生会因为各种情况而遇到各种事件，如果拖延，可能会变得糟糕，出现很多后遗症，甚至越来越严重。只有主动快速解决，才能更完美。

安迪·葛洛夫，一位出生于匈牙利的犹太裔美国商人，他创建了著名的英特尔公司，并担任总裁一职。葛洛夫的成绩有目共睹，他在1998年被美国《时代》周刊评为世界风云人物。面对着自己人生的完美与成功，葛洛夫却只有一句话：只有做偏执狂，才能生存。

确实，葛洛夫一直让自己的人生朝着这个方向前进，他将自己扮演成了带着偏执的强硬角色，并将这一理念运用到自己的工作中去。在英特尔公司成立的第二年，有一家日本公司委托英特尔公司为他们设计计算机芯片。在设计结束后，凭着研发单位的本能，英特尔公司保留了专利。这是英特尔芯片研发之路的开始。

英特尔公司员工霍夫开发了四种芯片，这个代号为4004的芯片就是世界上第一个CPU。但当时偏执的葛洛夫对新发明并不感兴趣，甚至大声声明：微处理器并没有任何用处，他愿意为存储器而活。

在英特尔公司里，著名的“迟到登记表”就是他的作品。当时是1982年，经济形势并不好，公司的发展因此受到阻力。

于是，葛洛夫提出一个“125%的解决方案”，公司里的人员必须延长工作时间，从原来的8小时延长到10小时，所有迟于八点十分到公司的人都要在“迟到登记表”上签字。这样做就是为了让员工更积极、更高效地发挥作用，与当时的日本公司“决一死战”。

他就这样在销售会议上给员工们鼓劲，宣称英特尔公司是美国最后的希望，这既给职工们带来了特别大的压力，也带来了很大动力。而葛洛夫本人也不例外，他就在自己迟到的时候亲自将大名签在迟到登记表上。

“125%的解决方案”的推出，让英特尔公司的不少员工都非常不满，毕竟葛洛夫占用了大家宝贵的时间，他们反对葛洛夫的独裁行为。这时日本电子业正迅速发展，快速占领了美国市场，英特尔公司的存储器产品积压得越来越多，资金逐渐周转不开，好像公司随时都有破产的可能。

公司的业绩确实让葛洛夫火冒三丈，在一次总裁办公会上，喜欢做目标管理的葛洛夫希望这个会议讨论出如何将成本降低或者使销量增加的方案。有董事提出做降价处理，这样可以保住成本，至少公司不至于破产。

葛洛夫大声地喊道：“这样的建议就别提出了，不用考虑，再次说明，不用考虑。”这时，公司的CEO说：“我们转行做微处理器如何？”葛洛夫沉声反问：“那我们的主业呢？”CEO看了一眼葛洛夫，说道：“目前来看，我们只能放弃了，不然会被主业拖垮。”

葛洛夫考虑了一会儿，终于同意了，决定彻底、快速地转型。虽然董事会有各种各样的声音，但是葛洛夫全盘否决。正是因为快速的业务转型，使企业在危机之下快速消除了死亡的危险，带着新的商机继续活跃在商界。

1994年，英特尔公司的芯片出现了问题，英特尔公司内部虽然发现了，但是难以快速解决，导致最大的合作商IBM停止使用英特尔公司的奔腾芯片。一时间，英特尔公司上下人心惶惶，大家感觉到事态的严重性。

葛洛夫并没有害怕，依旧要求员工按部就班，按照既定的目标策略前行，他再次调转方向，斥巨资——用公司半年的预算，全力进行芯片研究。大家都被吓到了，有不少人阻拦，但并没有多少作用。最后，英特尔公司却因为葛洛夫的这一决定再次化险为夷。

葛洛夫的强硬和偏执不只表现在工作上，58岁的时候，他被查出来得了癌症，面对着开刀、化疗与冷冻三种方案，他坚定地拿出自己的铁腕决策——化疗。一个月之后，全部指标恢复正常。

在他看来，强硬和偏执都是主动进攻的一种状态，只有这样，才能快速地战胜任何困难；如果被动消极，那么事情只会越来越糟糕。

启 示

SUCCESS

人生会因为各种情况而遇到各种事件，如果拖延，可能会变得糟糕，出现很多后遗症，甚至越来越严重，只有主动快速解决，才能更完美。所有的决策如果不能在最短的时间内被实行，就相当于浪费机会。所以，战胜恐惧心理进行一次几近偏执的冒险，也许你的一生会因此而不同。

李清照洒脱不羁

千古第一才女，少时心怀社稷

只有个性洒脱的人，才能尽兴并彻底享受人生。

李清照，号易安居士，南宋婉约派女词人，生性坚强、叛逆、细致、敏感，又不失爱国情怀。在中国词坛，她的大名占据着重要的位置。她在宋词上的成就，其实很大程度上跟她的性格有关系。

作为一个婉约派的代表人物，李清照的身上有着数不尽的女性温婉，但在这个才华盖世的女词人身上却更能彰显其豁达洒脱之风。这种个性与主见，来自她幼年时期受到的熏陶。在李清照的家庭环境中，父亲居官，母亲识理，家境优越，外加她聪颖过人，所以很小便有诗名。

虽然过着衣食无忧的生活，但李清照并不是一味地吟风弄月，自我陶醉。十几岁时，她赏阅《读中兴颂碑》，诗文之中强烈的盛衰兴亡故事引起了李清照浓浓的忧国忧民之情。于是她挥笔写下《浯溪中兴颂诗和张文潜》，诗中讽古喻今之语深刻而强烈，“夏商有鉴当深戒，简策汗青今具在”。

此语一出，顿时惊呆当时的士人，大家都不能理解：为什么一个涉世未深的少女会有如此忧国之情，简直令天下男儿汗颜。而李清照为人洒脱之名也不胫而走。

其实，对李清照而言，她的生活是被时代所划分的。作为女孩儿，特别是在成家之后过上幸福生活的时候，她的婉约之词几乎成为她的代表形象。只不过这种婉约只停留在与丈夫的恩爱之上，所写诗词更是表达着满满的小儿女状。可这种让她尽情享受幸福的生活没有过多久，父亲遭遇官场危机，夫家深受伤害，国家离乱。一系列的打击，让这位才华横溢的女词人只剩下对国家现状的不满与怨尤。

所以，那段时间李清照的诗多涉国事家运，屡屡有惊人之句生出。最为著名的诗句当数“生当作人杰，死亦为鬼雄。至今思项羽，不肯过江东”。在面对着宋室南迁、偏安一隅的现状时，一个轻柔缠绵的女词人，在其爱国情怀的深厚思想中爆发出她独有的慷慨之音。词中所表达的情感热烈又奔放，直接而充分，让人们不得不惊叹家国之变对李清照的打击之重。

1129年，李清照的人生迎来最为灰暗的一刻——与她琴瑟合鸣的丈夫赵明诚病逝了。独在异乡的她不得不在料理了丈夫的后事之后，去投奔洪州的亲人。可洪州再度遭金人攻击，李清照只能带着自己的行李投奔自己的弟弟。

第二年，她开始追随南宋皇帝的脚步，一路向南行进。在途中，她一生所收藏的文物丢失大半，及至走到绍兴，书画又被人在夜间盗走，这是她与丈夫赵明诚一生的所有收藏。李清照痛苦异常，如果没有洒脱的个性，李清照可能病倒在床，也许不久就会离开人世。

经过多重的生活打击，李清照于1134年在金华完成了自己的《金石录后序》，其中多有文字抒发自己对于离乱社会的不满，以及对朝廷用人不贤的暗讽，字里行间心系百姓，“江山留与后人愁”更成了千古绝唱之词。

这个才华至上的女子，一生所系的除去个人情思，便是国家之危亡，其晚年的生活相对凄凉，由于洒脱的个性，所以能产生大胆的词句创作，让人对她刮目相看。但是即使李清照性格洒脱，也抵不住人生的凄凉，73岁时依然心念着国家兴盛团结的愿望。

启 示

SUCCESS

李清照的一生，是传奇而明丽的一生，她具有明快又富有情感韵味的个性。虽然因为社会的动荡而充满凄迷，但她终难掩其隽永之才气。一句句温婉之词，一首首铿锵之诗，极力表达了她对生活的热情与追求。只有个性洒脱的人，才能尽兴并彻底享受人生。

李白自由率性

蔑视权贵，反抗传统束缚

很多时候，社会交往要求我们随和，但随和可能会让我们的性格泯然众人，所以，不如自然而然，率性而为，这样对得起天，对得起地，对得起自己。

李白，字太白，唐代著名的大诗人，又有“诗仙”之称。他从小在四川青莲乡生活，因此自称青莲居士。李白一生遍游大江南北、寄情于山水，作了许多浪漫主义风格的诗作，成为这一诗体的代表者。又因为他个性中的豪放使然，其诗常含暗讽与抨击，充分彰显他崇尚自由的天然个性，以及他天真率性的为人。

其实，做官是当时每个求学者的愿望，当初的李白又何尝不想跻身朝廷、一展身手！只是李白天生与常人不同，一般的读书人都是寒窗苦读，然后拿到一张权贵圈的门票，最终一举成名，偏偏他就不肯随波逐流。在他看来，科举之应试无非是市场买菜一样的行为，所以他一心想以自己的才华被推荐当朝为官。

如此，他在长安待了很长时间，而且过得相当苦，写了很多诗歌和文章，以图找到适合的推荐人。当他对为官之道产生疑问时，终于迎来有识之士的引荐。他初受诏，那种“仰天大笑出门去，我辈岂是蓬蒿人”的豪言壮语就是他得偿所愿的最有力证明。只是官路难行，特别是他这种反对传统束缚的个性与官场规则格格不入，就更不可能使他大展宏图。

没想到的是，皇帝看中了李白的才华，将他留在自己的身边，为自己与爱妃做御用词人。这种官职是李白怎么也想不到的，他踌躇满志的报国之梦被三年毫无建树的宫廷生活所惊醒，而他每日率性的行为也招来了权贵们的谗言和谤语。

那段时间，李白生出“彷徨廷阙下，叹息光阴逝”的哀伤来。平日里，除去借酒消愁，便是作诗泄愤。最后，他痛下决心上书请辞，离开长安去过自己的自由生活。

在李白的生平之中，他蔑视权势的事迹非常多。其中“力士脱靴”可以算是他与权势者的高低较量之经典，而“御手调羹”则直接证明他骨子里对传统的宣战。天宝初年，大唐王朝接到了来自他国的书信。只是信纸之上全是他国文字，皇帝对书信竟然一字不识，于是急忙招来文武百官。大家将书信在手中传来传去，全都不能识别。这时贺知章站出来说：“李白见多识广，才华洋溢，可以招他前来。”皇上连忙让人去请，而这时的李白已经辞官一年，终日以酒度日。

经过多处寻找，大家才在酒馆中将李白找到，那时他已经喝醉了。皇上见他摇摇摆摆的样子，只好让人做了醒酒汤，然后亲自端着喂他喝，而李白则卧于七宝床上，就挨着皇上的龙椅。

这就是史料中的“以七宝床赐食，御手调羹以饭之”。不但如此，李白还趁机让国舅杨国忠磨墨。杨国忠见皇上都如此低三下四，只好屈就自己，为李白打起下手来。这时李白心满意足，挥毫写下回书，等此书传到使者手中，使者一见，立刻吓得俯首称臣。

这种与权贵过不去的事，对李白而言已经成为家常便饭，更有“龙巾拭吐”“贵妃捧砚”等典故。李白在长安的时间并不长，能做出种种在当时看起来大逆不道的事，也算是反传统的代表人物了。

对此，李白从来不加以掩饰，他著名的诗篇中，多有显露其不肯从流的句子：“安能摧眉折腰事权贵，使我不得开心颜。”“昔在长安醉花柳，五侯七贵同杯酒。”“黄金白璧买歌笑，一醉累月轻王侯。”这每一句似乎都在标榜一个“长安市上酒家眠，天子呼来不上船”的千古奇人形象，他的一生可谓风骨傲然，气贯苍穹。

启 示

SUCCESS

很多时候，社会交往要求我们随和，但随和可能会让我们的性格泯然众人，所以，不如自然而然，率性而为，这样对得起天，对得起地，对得起自己。为人行事，都有一定的规则，但这规则若超出了道德的底线，我们宁肯抱着远大的抱负眠于酒巷，也誓不能与俗世同流合污。

贝多芬坚韧不拔

痛苦能够毁灭人，受苦的人也能把痛苦毁灭

没有永远的痛苦，也没有战胜不了的现实。痛苦让我们成熟，痛苦也给我们走向光明的勇气。

路德维希·凡·贝多芬，举世闻名的作曲家、音乐家，更是至今无人能超越的古典主义、浪漫主义音乐集大成者。在这位可以用神奇来形容的音乐大师身上，我们所感受到的不仅仅是他华丽而动人的音乐篇章，还有那遇到坎坷坚韧不拔的性格。

命运对于贝多芬来说真的格外苛刻，他的童年非常苦，从4岁开始就被父亲拿着木棍逼着学钢琴。8岁之前，他从来不知道游戏是什么意思，他家的邻居印象最深的事，莫过于一个幼小的孩子蜷在琴凳上，满脸泪水地睡去。

在这样日复一日的日子里，贝多芬知道眼泪对他的处境的改变没有任何作用，他开始思考人生，最后他似乎已经对生活产生了另外的见解：与其痛苦，不如抗争。所以，贝多芬努力地练琴，他一定要独立，要自强。

在17岁时，身在维也纳的贝多芬经人介绍认识了莫扎特，听完贝多芬弹奏之后，莫扎特就说："这个孩子将来会让整个世界震惊。"可是就在莫扎特想要与贝多芬进行音乐上的交流时，贝多芬的母亲去世的消息传来了，贝多芬马上赶回家了。

为了现实的生活，贝多芬拼命地演奏、赚钱，这样的日子一直过了4年，贝多芬的性格越来越坚毅。后来贝多芬的父亲去世

了，安葬好父亲后，贝多芬再次来到了心中的圣地维也纳，这时莫扎特已离开了人世，贝多芬再也没机会与他同台演奏了。

时光进入1796年，贝多芬没有多余的牵挂，所以他想要好好地在音乐上大干一场。可命运再次伸出魔爪，贝多芬的听力出现了问题，这对于一个用耳朵来感受音乐的人来说无异于失去生命一样痛苦。没多久，贝多芬所爱的女孩儿也因此离开了他，双重的打击一度让贝多芬沉浸在沮丧中。

但贝多芬并没有向命运低头，他恢复了坚定的心态，继续迈向艺术的圣堂，终于，他努力地战胜了听力上的障碍，让自己的音乐成为人们交口称赞的艺术，受到了人们的欢迎。

可是，音乐的流行风向就像服装一样经常变换。1814年，维也纳的音乐之风转向意大利的罗西尼，贝多芬逐渐被人们所遗忘。这让他的生活举步维艰，就在他经济上陷入困境时，自己一直喜爱的侄子因叛逆而自杀，他又一次遭遇双重的打击。这时的贝多芬几乎完全失聪了，他连指挥音乐的事情也做不了。贝多芬在一夜之间似乎变成了生活不能自理的老年人。

而贝多芬却没有放弃自己，他的音乐之风也由此进入了第三次转变期，痛苦让他变得沉静，他沉静地面对着生活的重创，扛起生活的艰难。贝多芬用微笑面对这一切，更加全力投入自己新创作的乐曲中去。

不久，《D大调庄严弥撒》成功谱成，一经问世便成了贝多芬最为完美的作品。其后，《第九交响曲》创作成功，当它在维也纳音乐大厅被奏响时，人们震惊了，热烈地鼓掌、欢呼，甚至抱头哭泣。贝多芬战胜了黑暗，战胜了命运，用情感与思想为自己的音乐注入内涵。那是欢乐的歌颂，更是他向上帝发出的抗争之音。

启 示

SUCCESS

没有永远的痛苦，也没有战胜不了的现实。痛苦让我们成熟，痛苦也给我们走向光明的勇气。贝多芬用自己听不到声音的耳朵感受心里的声音，写出了震惊世界的乐曲。他用欢快的音调重新阐释痛苦的含义，他再次向我们证明：只有经受了痛苦打击的人，才能真正有毁灭痛苦的勇气，以及养成经历痛苦过后的乐观心态。

贝耶尔为人虚心

谦虚诚恳，诲人不倦

人类历史的进步是人类不断学习的结果，而一个人学习的进步体现在人的性格上，如果故步自封，那么可能寸步难行，只有不断地虚心学习，才能让自身得到极大的提升。

阿道夫·冯·贝耶尔，德国著名的有机化学家，获得过瑞典皇家科学院颁发的诺贝尔化学奖。在世界染料史上，贝耶尔是首个人工合成靛蓝的科学家，并为有机染料及芳香化合物的发明做出了杰出的贡献。这一切的成就都离不开贝耶尔的虚心、上进。

在化学方面的若干成就对贝耶尔来说都是必然的结果，因为他从小就是一个虚心好学的孩子。贝耶尔良好的人生态度来自他的家庭熏陶。他的父亲约翰·佐柯白是陆军中将，曾经在快要50岁时自学地质学，到老年的时候成为柏林地质研究院的院长。他的母亲则是一名独立又自强的女性，从事律师工作，她一直鼓励贝耶尔勤奋向上，并不断进取。

小时候，母亲教他以父亲为榜样，当他出生的时候，父亲已40多岁，那个时候父亲是一名军人。当贝耶尔读小学的时候，父亲也在努力学习，经常参加各种考试，于是母亲经常拿父亲的事迹激励他。

贝耶尔的父亲50多岁时，还是这样努力学习，并且通过了各种考试。这影响了贝耶尔一生。

在这样的家庭中，贝耶尔养成了爱学习、喜钻研的习惯。他上大学时开始对化学产生兴趣，选择在当时并没有多少成果的有机染料等方面进行深入研究。大学毕业之后他服兵役，可这并没有让他中断学习，并在23岁时获得柏林大学的博士学位。

贝耶尔没有满足，他依旧虚心地跟着当时对化学最有研究的老师学习。对于贝耶尔来说，学习就是一种使人时刻自新的过程，他喜欢这种感觉，也乐于与别人分享这种感觉，不过一切离不开他的谦虚诚恳。

贝耶尔为了自己的学术研究，成为当时第一个创建新型化学实验室的人。37岁时，贝耶尔凭着对化学的研究成果，被聘任为斯特拉斯堡大学的教授。因为他名气太响，很多从事这一行业的学者都慕名而来，想在他的指导下完成学业，其中就有已经学有所成的埃米尔·费雪。费雪非常认可贝耶尔的人品与学术，所以宁肯不去做教授，也要为贝耶尔做助手。

费雪的选择是正确的，因为贝耶尔在化学方面很有建树，而且平易近人，总是倾其所学对费雪进行指导。几年之后，费雪的研究水平得到了突飞猛进的提高。贝耶尔将这一切看在眼里，经过思考之后，他为费雪想到了更好的发展方向。

有一天，贝耶尔与费雪促膝长谈，他说："费雪，你的化学专业能力已经超过了我的能力，如果一直在我这里干下去，想出成绩就不容易了，不如换一个地方试试。"这让费雪非常吃惊，因为自己的成绩都是在贝耶尔教导下取得的，哪个导师愿意将已经培养好的助手赶走呢？

于是，他非常着急地说："我不想离开老师，因为我知道没有你的指点，我的成绩不可能有这么快的提高。"贝耶尔却笑着说：“对一个有能力的人而言，就得让他飞得更高，这样才能发挥他的才能。我推荐你去厄南津大学，这对你的研究更有帮助。”

贝耶尔说得非常正确，费雪到厄南津大学之后，经过10年的化学研究，一举获得诺贝尔化学奖。当时的贝耶尔还没有拿到这个奖项，可他依旧非常高兴，认为自己当初的决定是正确的。

而在后来他所带的学生中，又出现了诺贝尔化学奖得主，这一切都与他毫无保留的教导有关。贝耶尔正是凭着这样一种谦虚诚恳、诲人不倦的精神，才在化学这片领域取得了自己的成绩。

启 示

SUCCESS

人类历史的进步是人类不断学习的结果，而一个人学习的进步体现在人的性格上，如果故步自封，那么可能寸步难行，只有不断地虚心学习，才能让自身得到极大的提升。而诲人不倦的过程，是对知识的再吸收，它会让我们看到自己所未知的知识或问题，从而找到再发展的可能。

沈括好奇善问
敢于质疑，终成《梦溪笔谈》

爱因斯坦说：“想象力比任何知识更重要，想象力可以把不可能变成可能。”然而，想要培养这种变不可能为可能的想象力，却离不开生活的点滴。

沈括，北宋时期政治家。在那个时代，作为一名高级官员，沈括的官场生活似乎并不完美，而作为一名业余的科学家，他却相当出色。他晚年所著成的《梦溪笔谈》就是最好的证明，因为这是一部几乎集合所有学问的笔记式百科全书。此书一出，便成就了沈括科学家的威名。

《梦溪笔谈》如此受重视，又这样全面而科学，自然与沈括的学识分不开。沈括自小就是个爱学习、求知欲又极强的孩子。他出身于官宦之家，家里的藏书特别多，在沈括14岁时，这些藏书便全部被他读完了。

沈括对于知识的如饥似渴让父母都为之震惊。好学，这只是沈括个性中的一面，除此之外，他还是个凡事爱追根究底的孩子。因为爱想又爱问，什么事都要弄个清楚，这经常让沈括身边的人感觉压力非常大。

有一次，沈括的父亲要去福建泉州上任，于是带着全家前往。当大家都在码头忙着装行李的时候，沈括早已经对河中央用来抓鱼的小船产生了兴趣。他看到船上的一位老者将硕大的鱼鹰赶下水去，没一会儿工夫，鱼鹰便脖颈鼓鼓地上船了。看着它们将鱼一条一条地吐出来，沈括内心充满了好奇：为什么鱼鹰这么听话？为什么吞下去的鱼还能再吐出来？……一个个的问题让他百思不得其解。

就在这时，家里人过来叫他快点儿去上船，因为船马上就要开了。沈括顾不得这些，抓鱼的老者的船一靠岸，他就上前去询问原委。他的问题让老者哈哈大笑，老者耐心地将原因讲给沈括听，并且赞叹地说："你可真是个勤学好问的孩子。"

有一次，沈括读白居易的诗，当他念到"人间四月芳菲尽，山寺桃花始盛开"时，忽然有些不解起来：一样的桃花，花期总是相同的，为什么我们院里的花已经谢了，而山上寺院中的花才刚刚盛开呢？他带着这个疑问去请教自己的母亲。母亲见他又犯了爱问为什么的毛病，便说："你既然好奇，为什么不自己去弄个清楚呢？"

沈括顿时醒悟，于是自己在4月的天气里，爬上高高的山顶去找答案。沈括一边走一边敏感地意识到，山下的温度明明已经很高了，可是越往山上爬却越觉得冷。等到山顶时，甚至要多加一件衣服御寒。这让沈括忽然明白了白居易那句诗的意思，他叹服地说："难怪白居易的诗如此形象，原来都是出自他对生活的真实感受啊！"

沈括就这样时刻怀揣着"为什么"，从小随着父亲的官位变迁而走南闯北，对于各地不同的风俗、不同的风景、不同的花草鸟兽都一一提出自己的不解。有时别人能告诉他答案，有时他只能自己去书中寻找，在生活中慢慢体会，因为无人能给出答案。

如此诸多无限开阔又亲身体验的过程，很快让沈括的大脑中积满了来自各种领域的知识。他掌握的知识越多，就感觉需要思考的问题越多，从而对任何事都更加留心起来。等到沈括进入老年，他心中的十万个为什么便化成了名著《梦溪笔谈》，他为后人留下了一笔用之不尽的宝贵财富。

启 示

SUCCESS

爱因斯坦说："想象力比任何知识更重要，想象力可以把不可能变成可能。"然而，想要培养这种变不可能为可能的想象力，却离不开生活的点滴。只有时刻注意收集生活中的所识所见所闻，做个生活的有心人，才能让我们插上想象的翅膀，飞得更高更稳。

黄侃性情古怪
学问大脾气大，世人皆称“黄疯子”

自古少年多轻狂，有才之士桀骜不驯，一个人纵然可以不为规则所左右，但其背后却必然有着支持其行为的资本。

黄侃，字季刚，传统语言文字学的承前启后之人。黄侃曾经在北大等国内多所知名大学任教。其国学造诣博大精深，令人叹服。正是因为这样的能力，黄侃为人的个性才更为大家所关注。鲁迅先生曾经夸奖过黄侃的学识，但是对他古怪的性格却不敢恭维。

黄侃出生于官宦之家，父亲曾做成都知府。他从小才气超人，又聪明好学，其性格上的张扬与他自小生活优越、才情出众不无关系。黄侃18岁考入武汉普通学府，于1905年去日本留学。

他之所以去日本，那是有原因的。黄侃是一个孝顺的人，当时黄侃生母病重去世，他非常激动，大哭吐血。在家乡守墓期间，由于叛徒告密，清政府正在抓捕革命党，在捕快前来捉拿他之前，黄侃听到了这个消息，于是逃往日本。

黄侃在日本遇到国学大师章太炎，并拜其为师。黄侃非常尊师重教，不仅如此，他不愿意任何人在他面前对他老师不尊重，只要听到，必定不顾任何场合和身份，大声辩驳，即使是别人发点儿牢骚都不行。

可能是深受其师父的影响，再加之他从小的生活经历，所以黄侃变得恃才傲物。他往往被人们认为狂狷，从而被人称为“黄疯子”。对于这个并不文雅的称号，黄侃似乎从来不以为意，反而依旧我行我素。

虽有着嗜学的偏好，但黄侃却并不迂腐，只是处理事情与常人不同而已。清末，慈禧与光绪先后死去，于是朝廷下令各地举行国丧。很多学生非常不满，但又不敢言，只在脸上流露出不快。当时负责监督这件事的杨子绪便举着虎头牌恫吓学生，扬言若不听从安排，便要开除学籍。

黄侃听说之后非常生气，直接闯入学堂，将杨子绪的虎头牌砸了个稀巴烂，并指着杨子绪的鼻子大骂不止。这件事后，各地学生开始剪辫子，反对清政府，杨子绪再次悬起虎头牌。黄侃忍无可忍，冲入学堂，不仅砸了虎头牌，而且将杨子绪痛打了一番。

黄侃一生，唯国学为尊，所以对胡适推广白话文有所不满，处处与胡适过不去。有一次，两人一起赴宴，胡适在席间谈起墨学，这让黄侃非常不能接受。他张口便骂了起来，并且利用墨子的学说让胡适哑口无言。

而在学习上，黄侃却有其可爱的一面。黄侃每每读书，必正襟危坐，全神贯注。他在北京大学做教授时，依旧醉心于国学的研究，每天出门的时间非常少。有一次，黄侃边吃饭边看书，眼睛盯着书本，手里的馒头只蘸一点儿桌上的辣酱来吃。结果，因为他看书太专注，便将馒头蘸在了一边的墨盒里去，但他丝毫没有发觉。等到有人来拜访时，才发现他满脸满嘴都是墨汁，这件事一时成为人们的笑谈。

他不只学习态度认真，还非常严谨。他对于自己所学的东西总是要反复吟诵，达到熟烂于心。据说他所看过的《说文解字》上面标满了各种不同颜色的注释，都是一个字一个字进行分析的。不仅如此，他还要求自己的学生，将三本《说文解字》标上标点，标完再检查，黄侃觉得这样可以让学生读透《说文解字》，再做起学问来便能轻松如意。

他教学非常严格，他经常说，中国文学的学问是永无止境的，千万不能有一点儿学问便沾沾自喜。这就是黄侃对于学习的态度，而在他那些乖张桀骜的行为背后，这种严谨与认真似乎才是其性格得以恣纵的根本。

启　示

SUCCESS

自古少年多轻狂，有才之士桀骜不驯，一个人纵然可以不为规则所左右，但其背后却必然有着支持其行为的资本。因此，饱学、严谨、认真，对一个想要保持自我个性、不为他人眼光所动摇的人来说非常重要。

莱昂纳多顺其自然

本来就一无所有，还怕输掉什么呢

人生往往就是这样，越是在乎便越会失去。本来我们出生时便一无所有，只是行走的过程中加入的东西太多，才使其最终成为我们裹足不前的障碍。

莱昂纳多・德尔维奇奥出生于意大利贫困家庭，从小在孤儿院长大，可是他却成了意大利眼镜制造行业的商业巨子，在2011年的福布斯全球富豪榜中名列第71位。生活的巨大变化对于莱昂纳多而言如此坦然，因为他的生活观就是：一切事情都不算什么。

在莱昂纳多很小的时候，家里贫穷到无力养活他，母亲在万般无奈之下只好将他送到孤儿院，要的就是有饭吃、有人管。这种孤独的生活对于莱昂纳多影响很大，他在那样的环境里养成一种逆来顺受的个性。不在意别人的打击，不看重自己的得失，这就是莱昂纳多个性中最为突出的地方。

在莱昂纳多十几岁的时候，他已经可以去打工赚钱养活自己了。他所做的第一份工作就是在眼镜厂做零件加工，谁也没有想到，这第一份工作便从此奠定了莱昂纳多的富豪梦。当时的莱昂纳多因为长期营养不良，所以非常瘦小，一起工作的同事总不把他放在眼里，经常无缘无故地拿他来耍笑一番。

有的同事甚至欺负他没有反抗能力，命令他来做他们的活儿。莱昂纳多什么也不说，只是低头猛做。有一次，工人们拿莱昂纳多开玩笑，突然将他破烂的外套抢过去，在手里传来传去，莱昂纳多因为矮小，够不到同事手里的衣服，只好跟着他们的传递方向，到处跑来跑去。

同事们就像对一只猴子一样，乐不可支地看着他上蹿下跳。莱昂纳多急得眼睛红红的，拼命忍着不让眼泪流出来。猛然之间，他垂着头，站在那里，小拳头握得紧紧的。这些没有善心的工人都以为他要发怒了，一个个还特别感兴趣的样子，可莱昂纳多将小拳头轻轻地松开后，不再管自己的外套，继续去工作了。

这时，有一个老工人非常不满同事们的做法，他将莱昂纳多的外套抢过来，狠狠训斥了那些工人，然后将外套披在莱昂纳多身上。老工人劝慰他："不要生气，他们没有恶意。"莱昂纳多这才说："谢谢您，我不会生气的，因为我什么都没有，这点儿捉弄对我而言根本不算什么。"说完这句话，莱昂纳多又投入自己的工作中去，只是干得更认真、更用心。

又过了好几年，莱昂纳多已经20岁了。他在眼镜厂里的技术属于一流，而他也凭着出色的工作成绩让人们对他另眼相看。这时的莱昂纳多认真地对待工作，并从眼镜行业中看到了发展的机会。

他用自己多年的积蓄与所学的技术开了一家小小的眼镜制造店。这在别人眼里是一条歪路，人们劝他说："你好不容易有了今天的成绩，好好干下去，会拥有美好生活的。自己开店，不确定性太多了。"可是莱昂纳多却笑了，说："我本来就一无所有，还能害怕输掉什么呢？"

莱昂纳多以平和的心态，轻松地开始了自己的创业之路。他凭着自己精准的制造技术，让眼镜店得到了飞速的发展，生意越来越好。如今莱昂纳多创办的公司已经成为世界上最大的眼镜制造商，他的身家也与当年那个一无所有的穷小孩儿有天壤之别。莱昂纳多就是用自己顺其自然的个性，打造了自己与众不同的人生。

启 示

SUCCESS

人生往往就是这样，越是在乎便越会失去。本来我们出生时便一无所有，只是行走的过程中加入的东西太多，才使其最终成为我们裹足不前的障碍。所以，不管面对什么事，与其瞻前顾后地痛苦纠结，不如完全放下，放下憧憬，放下成败，放手一搏，这样，明天才更美好。

姚明创造NBA中国传奇

低调谨慎，不骄不躁

低调做人是一种谦卑处世的智慧，是一种韬光养晦的艺术，展示了一种宽容平和的态度。

姚明，前NBA篮球运动员，人称“小巨人”。他曾当选“感动中国”十大人物之一，他曾两次登上《时代周刊》亚洲封面，两次被评为年度“世界最具影响力的一百人”。他带着休斯敦火箭队打破了十二年的首轮出局怪圈……太多的过往，都是姚明身上一层又一层的荣衣。我们看到了他闪光灯前的荣耀，同时也看到了他在胜利面前沉着冷静的笑容。姚明的低调已经成为一种标志，象征着他为人处世的一贯风格。

姚明出生于1980年，是标准的“80后”青年。他的父母虽然都是篮球运动员，可小时候的姚明在篮球方面并没有表现出什么天赋。不过缘自父母的遗传，姚明4岁的时候身高达到1.2米，7岁时身高1.5米，9岁时身高1.7米，13岁时身高1.97米，这让家长与老师都对他在篮球上寄予了厚望。

他性情沉稳，喜好安静，对于读书的喜好远远超过了对篮球的热爱。有一次，姚明和同学们玩投篮，连一个球也投不进，为此，同学们都嘲笑他是傻大个儿。同学的嘲笑没有让姚明生气，却激活了沉睡在他体内的篮球运动基因，他开始努力练习篮球。

之后，他凭着毅力与决心，很快就取得了出色的篮球成绩。18岁那年，姚明身高足够，技术过关，顺利进入国家青年队，并于第二年成了中国篮球队的一名正式运动员。也正是从这一年开始，他为中国篮球队争得了一项又一项的殊荣。

一次又一次的荣誉曾经给姚明的心理带来了一点儿小变化，但很快他便把握了自己的方向。当时，他常年在外面打球，父母特意过去看望他，不过父母亲穿着朴素，这几乎成了其他队员的话题。

姚明很不好意思，便和父母小声地讲："你们下次来能穿得好一点儿吗？"可是送走父母之后，他怎么想都感觉不舒服，于是立刻写了一封信给父母："我不该用父母的衣着去满足我的虚荣，而是要用自己的荣誉去增添爸妈的笑容。对不起，你们不穿好衣裳也可以来……"

2002年，姚明被火箭队选中，成为NBA尖端篮球队中的一员，可是他依旧保持着这份朴素情怀。他很清楚地意识到：进入NBA不是唯一的目标，只有打出好成绩，才是真正的成功。

当别的队友在嬉戏的时候，球场上总能看到姚明苦练的身影，在那里负责洗刷球鞋的工人说："姚明训练最刻苦，即使是冬天，他的鞋子也能倒出水来。"每天姚明都会按着规定来完成力量、体能的训练，不管多累，不管出于什么原因，从不改变。

而对于富有的NBA球员们来说，名贵跑车、豪华别墅都必不可少，球星乔丹的豪宅面积有2900平方米，价值3500万美元以上，而姚明的住所却只有不到300平方米，是社区里倒数第二大的房子。

与国内体育明星相比，在婚礼酒席这方面，体育明星有的花费百万元甚至千万元举办婚宴，而姚明的婚礼酒席只用了13

万元。这就是姚明，他用自己低调的做人方式，将中国人谦虚谨慎的风格展现在全世界面前，这也成就了他高贵的品格和广阔的胸襟。

启　示

SUCCESS

低调做人是一种谦卑处世的智慧，是一种韬光养晦的艺术，展示了一种宽容平和的态度。这种态度会成为一种激励人生的动力，而这种行为也将成为自律的标杆，让我们不断注意自己的不足，做到更加完美。

5

管好自己的情绪

没有迈不过的槛，

没有走不出的情绪

管好自己的情绪

没有迈不过的槛，没有走不出的情绪

情绪化是人们最大的弱点，克制住自己的情绪，我们已经向成功前进了一大半。但一个人的情绪也要通过适当的途径发泄，否则就容易发酵成更大的情绪，甚至会让人精神崩溃，成为影响一生的巨大隐患。

我们可以通过阅读来提高自己的见识，安抚自己的浮躁情绪，沉下心来，向“星辰大海”继续迈进。我们可以坦然面对情绪，因为我们的人生多数是平淡的生活，坐看情绪变化，春暖花开。

白岩松坦然面对生活

快乐和痛苦仅占5%，享受95%的平淡生活

假如生活注定平淡，那么仅有的幸福与痛苦就应该是一种调味剂，所以我们要好好地珍惜它们。

白岩松，一位出生于内蒙古自治区的全民金牌主播，他是时代人物的代表，是中国十大杰出青年之一，更是“中国金话筒奖”的获得者。他曾经在奥运圣火的传递中跑过接力，曾经在长江系列中外记者中得到过表彰。白岩松一人身兼数种头衔，那种累可想而知。可是对于白岩松来说，生活就是要坦然面对，因为人生只有5%的快乐和痛苦，剩下的95%都是平淡。

以上的荣誉看似轻松简单、不费周章，可是他却是经历了太多的压力才总结出如此超脱的经验。其中的辛酸与过往，不自己一一面对是永远没有办法体会的。

在白岩松只有8岁的时候，他的父亲因病去世，对于一个孩子来说，算是过早地尝到了与亲人的生离死别之苦。而短短两年之后，与他朝夕相处的爷爷离世，就这样，白岩松经历了两次最痛的打击。

可是生活的艰辛让他过早地知道了自己需要什么，他给自己的定位那么简单：自立、坚强。正是凭着这种信念，白岩松顺利地考入了北京广播学院，他毕业后很轻松地进入了《中国广播报》工作。因为形象与文采都非常出众，他被借调到中央电视台，从而开始他的“触电”生涯。

没想到，“触电”生活的开始却也是白岩松承受压力的开始。作为新主持人，从小在边远地方生活的白岩松发音不准确，面对镜头时产生的紧张感让他经常出现读错字的现象。而且当时台里对主播们就有要求：念错一个字，罚款50元。

这对白岩松来说实在残酷，因为他在初录节目时经常念错字，这样一个月下来，不但拿不到工资还要倒贴钱。最主要的是，如果工作不好，随时都有可能被退回原单位，这对于一个从低处走到高处的年轻人而言是多么大的压力。

带着这种压力，白岩松把看字典当成了业余爱好，把练习绕口令当成了娱乐节目，一年下来，白岩松成了失眠专夜户，有时候好几个月都睡不好觉。这样的压力让他产生了自闭症，白岩松跟妻子交流时只能用笔和纸。

白岩松在妻子的鼓励下坚持着，通过音乐等各种方式调节压力，后来终于突破了自己。当压力成为一种习惯时，白岩松忽然变得轻松了，他不断调整着自己的心态，逐步在工作中找出快乐来。白岩松成功地转型，接受各种挑战，并凭借着自己的才学与眼光，在工作中做出很多的创新，取得了非常显著的成绩。

当拿到“中国金话筒奖”的时候，他甚至已经忘记了自己曾经为普通话不标准而苦恼过。白岩松平淡地回忆自己的奋斗时光，那不过是一些成长的经验，特别之处在于，那个时期是非常重要的。

在种种压力之下，白岩松有意地看淡挫折。节目被“枪毙”，只说明自己没有做到位，观众有批评只说明自己不够努力，甚至连王朔对他书籍的批判，他也当成一种激励。正是这样平淡地面对挫折，让白岩松的人生与众不同起来，更让他“金牌主持人”的称号名副其实。

启 示

SUCCESS

假如生活注定平淡，那么仅有的幸福与痛苦就应该是一种调味剂，我们要好好地珍惜它们。因为幸福与痛苦过后，我们还是要面对平淡。生活本来就是平平淡淡的，这才是真正的生活，请坦然面对平淡。

陈平战胜耻辱

忍辱发愤读书，成就西汉霸业

几乎每个人都碰到过感到羞辱的事情，有些人从此自暴自弃，走上另一条人生道路，有些人学会忍耐，蓄积力量翻身。

陈平，西汉时期声名显赫的开国功臣，曾连设六计为刘邦夺得天下。他生于阳武户牖乡，也就是今天的河南原阳。他没有显耀的出身，甚至从小只能依靠哥哥的接济艰难度日，可是他却凭着自己的努力最终走上西汉宰相之位。一人之下万人之上的身份和地位足以让这个昔日穷困、寄人篱下的志士笑对过往。

都说每一分成功的背后总有一段辛酸往事，陈平也不例外，他的辛酸在于没有父母的呵护，还在于嫂嫂对他的一再羞辱。陈平的父母在他年幼时便离世了，所以他一直跟着哥哥生活。陈平从小就聪明，有智慧，乡里尽人皆知。

哥哥看在眼里，决定供他读书，希望有朝一日弟弟可以光耀门庭。可是嫂嫂却不这样认为：家里养一个闲人白吃白喝，谁知道日后怎么样呢？所以她与丈夫意见相左，但却拗不过丈夫，只好暗中对付陈平。

陈平心里非常清楚嫂嫂的想法，所以一直小心翼翼。有一天，陈平正坐在院子里读书，嫂嫂便用自己吃剩的果皮丢他。陈平很不高兴，但他又不能与嫂嫂理论，于是将书简收起来，然后下地去干活。哥哥见陈平来帮自己干活，就问他为什么不读书。陈平说："你一个人劳作太辛苦了，我不想读书了，还是帮你干活吧。”

哥哥立刻明白，肯定是妻子说了弟弟，于是他回家之后对妻子说：“你对弟弟好点儿，等到他读书有了功名，我们的日子就好过了。”嫂嫂却说：“那要等到什么时候？恐怕猴年马月也等不到呢！”

第二天，陈平在哥哥的安排下继续读书，可是嫂嫂一会儿让他干这个一会儿让他干那个，就是不肯让他闲着，甚至在烧饭的时候，故意将柴草弄湿，然后让陈平烧火，她自己却躲到院子里去。

湿的柴草一烧便冒出浓浓的白烟，呛得人喘不过气来。陈平实在受不了，就逃出门来。嫂嫂见了便骂他不中用，还说很多更难听的话。陈平又气又委屈，可是他揉着一双通红的眼睛，什么也没有说。

晚上，哥哥从田里回来，看到陈平的样子就知道妻子又欺负弟弟了，虽然非常生气，却只好安慰弟弟忍耐一下。又过了些天，当陈平再想读书时，发现自己的竹简都不见了。他跑到厨房，看到嫂嫂正在烧自己的竹简。看到他过来，嫂嫂就说：“这竹简比柴草好烧多了，还不冒烟。”

陈平气得说不出话来，自己到父母的坟前，跪在那里哭诉自己的遭遇。他哭完了，就想凭自己的能力出外谋生，再也不读什么书了，结果被哥哥发现，追了回来。哥哥将他拉回家，对妻子说：“既然你不愿与我一起同甘共苦，又不善待弟弟，我只好休了你，你自己去生活吧。”妻子吓得连忙求饶，可不管怎么求，哥哥也不肯答应。这时陈平走出来，跪在哥哥面前，请求他不要休了嫂嫂，哥哥这才不得不改变主意。

陈平忍辱读书又不计前嫌的事被传扬出去，一位学富五车的老者慕名而来，说：“你小小年纪便能忍辱勤奋读书，他日定成大业。”于是免费为陈平授课。陈平经过努力研读，终于在多年之后学有所成。

当时正值楚汉相争，陈平投身刘邦的阵营，用自己一生所学，六出奇计，帮助刘邦取得了天下，最终攀登上了自己的人生巅峰，为后世之人留下一段励志传奇。

启 示

SUCCESS

几乎每个人都碰到过感到羞辱的事情，有些人从此自暴自弃，走上另一条人生道路，有些人学会忍耐，蓄积力量翻身。生活就是如此，很多事会让你一再承受人生之不平，但想要有所作为，就必须付出别人所不能忍耐的艰辛，包括挑衅与羞辱。

陆羽静心学习

学茶如做人，不再急于求成

想要成功，就一定要善于学习，任何事物并不像表面那么简单，只有静下心来，深入其中，才能做好。

陆羽，唐朝著名的茶学家，因为其出色的茶艺造诣，又被人们称为“茶仙”“茶圣”。他善于烹茶的美名甚至传到了当时的皇帝耳中，皇帝千里寻他为自己沏茶，并在喝了他烹的茶之后封他做了高官，但陆羽一直未上任。陆羽的茶艺并不是天生就会的，而是有一番曲折动人、重新认知自我的故事。

有一次，龙盖寺的智积和尚路过一个湖边时聆听到婴儿哭声，就生出恻隐之心，收养了他，这就是陆羽。智积是寺院的住持，他发现带回寺院的小家伙非常聪明，教他的一些文字和经书，他很快就学会了。

智积住持发现小陆羽有慧根，有心培养小陆羽，教他佛法和经书，煮茶识文，没想到陆羽对儒家文化特别感兴趣。智积怕他沉迷于儒道而放弃佛学，便严厉地制止了陆羽对儒学的向往，让他去抄佛经。

虽然陆羽听佛经长大，可他对佛经的兴趣却并比不上对儒家文化的喜爱。偶然的机会，陆羽从读书人那里接触了孔子的儒家学说，这让他非常高兴，他觉得其中很多思想非常有用，于是他经常偷偷研读孔子之学。

有一天，他跟智积住持争吵起来，摆出儒家和佛家的区别，以孝为大，希望学习孔圣人之道，希望住持同意。智积住持异常恼怒，觉得陆羽大逆不道，作为一个出家人，他怎么能够尊儒家不修佛呢？

于是智积住持便派他去做大量的杂务，以示惩戒。陆羽每天要扫龙盖寺的院子，还要修补院墙，更换寺庙顶部的瓦片，甚至还要清理寺院茅厕。除去这些杂务，智积还购进一百多头牛，让陆羽每天去放牧。他想将陆羽所有的时间都占满，从而迫使他放弃学孔子之学的心思。

可智积住持这样做并没有让陆羽退缩，他每天干完这些杂活便自学儒家学术。后来他和求佛的学子要了一本《南都赋》，这本书让陆羽着迷，他没日没夜地学习，一遇到不认识的字就去请教香客。智积看他越发沉迷，便将他关起来，还派人专门看着他。

陆羽就这样长到了12岁，他觉得自己必须改变这种生活方式，于是执意要下山求学。智积说："你不是爱好茶艺吗？既是学习，就先学冲茶吧。如果你学会了，我就放你下山学孔圣之道。"

陆羽非常高兴，认真地学起茶艺来，可是他很快发现自己虽然知道如何冲茶，却总不如师父泡出来的茶味道浓郁，这让他百思不得其解。有一次他去采茶，碰到一位同样采茶的老奶奶，便与她说起这个问题。

老奶奶非常慈祥，告诉陆羽："烹茶如做人，茶人所注重的就是一种清静与平和，你越是急于求成，也就越难成行了，这是一个修身养性的过程。"

陆羽顿时醒悟，原来自己所看到的冲茶过程只是一点儿皮毛而已，于是静下心来细致学茶。没用多长时间，陆羽就沏出了与师父所沏的一样浓郁芬芳的茶来。当他将茶端到智积住持的眼前时，智积无话可说，只好放陆羽下山求学。

陆羽下山之后，生活非常艰难，为了谋生他什么都干过，甚至跟过戏班，扮演过小丑。但他始终没有忘记自己要做的事，一边学习孔圣之学，一边对茶艺进行精深研究。他将自己的所学全部融入茶艺之中，成就了自己的茶艺文化。

不但如此，陆羽还写成了中国第一本茶文化专著——《茶经》。这是一部集合了茶业知识与他自己实践的书，体现了茶艺文化的精髓。陆羽在书中还提出了“茶与精行俭德”的理论，被人们称为“茶神”。

启　示

SUCCESS

想要成功，就一定要善于学习，任何事物并不像表面那么简单，只有静下心来，深入其中，才能做好。也许，发现的只是一个小小的问题，便足以让我们突破自身长久努力所不能突破的瓶颈。只有善于学习、善于发现的人，才会真正走向成功。

唐伯虎收起自满

见识墙画合一后，潜心学画

所有事情，只要虚心去做，必能成就一番事业。如果因为自己小小的成绩便骄傲自满，那么做起事情来，十件事情就有九件做不好，即“虚心万事能成，自满十事九空”。

唐寅，字伯虎。据说他出生于庚寅年、寅月、寅日、寅时，所以父母才给他取名唐寅。他是明朝时期著名的书画家，也是江南第一风流才子，一生所用名号非常多，如桃花庵主、六如居士等。他在学习画艺的过程中，始终遵循着最为浅显的学习道理，那就是戒骄戒躁。正是这个道理，成就了唐伯虎世世代代的美名。

唐伯虎出生于富裕家庭，从小便有非常高的绘画天赋，因此他的父母一直注重对他进行这方面的培养。在当年，沈周的画技精深，妇孺皆知，父母便把唐伯虎送过去向沈周学画，希望他学有所成。

唐伯虎很努力，凭着自己的天赋，加上拥有绘画基础，所以画出的东西要比沈周其他的弟子都强，这让他经常自满不已。

因为沈周的大名传得很远，所以找他要画的人自然就很多。有一天，一位素不相识的人来寻沈周要画，沈周当时不便绘画，于是便让客人稍做休息。沈周悄悄地告诉唐伯虎，让唐伯虎临摹了一张自己的画给客人。结果那人拿着画作大加称赞，根本没有发现这是唐伯虎仿作的。

这让唐伯虎更加自满，他觉得：我既然已经和老师画得一样好了，就没有必要在这里再学下去了。于是他和沈周提出要回家的想法，沈周想了想，说："好吧，你既然要走，那就到我后面花园的小房间吃顿饭再走吧，算是为你送行了。"

唐伯虎非常高兴，因为老师的这间房间从来不让别人进去，今天自己要走了，总算有机会看一眼。唐伯虎飞快地跑去花园，见老师还没有来，便先进小房间看个究竟。没想到，唐伯虎一进去就大吃一惊，房间只有一扇门、三面窗子，里面并无特别之处。

只是每一面窗子的外面却非常有特色，不同面的窗子有着不同的风景，繁花盛开的惊艳、莺歌燕舞的活泼、流水潺潺的清凉。这简直就是人间仙境呀！唐伯虎想："小小房间能看到如此佳景，怪不得老师不让我们进来，是怕我们见此景后无心学习吧？"

就在唐伯虎为美景痴迷的时候，沈周来了，他见唐伯虎对窗外的风景迷恋不已，便说："这里的风景还可以吗？"唐伯虎马上说："这实在是人间仙境，如果能打开窗子细看就更好了。"沈周便说："那你就把窗子打开吧。"

唐伯虎闻听立刻去推窗子，可是当手推到窗子上时，窗子却纹丝不动。唐伯虎用手抚摸窗子，才发现根本就是一面平滑的墙壁，而墙上的窗子却是老师画上去的，包括窗外风景，两者融为一体，栩栩如生。这让唐伯虎大为惊叹，所谓画无止境，应该就是如此了吧！于是他回身便给沈周跪下，说："徒儿实在不该自满，请老师再收下我，让我继续跟你学画吧。"

从此，唐伯虎潜心学画，再也不敢骄傲自满了。他虚心地跟着老师又学了3年，沈周才把他叫到自己跟前，说："如今你已经学有所成，可以真正出师了。”唐伯虎拜过老师之后回家，却对学画成功之事只字不提。

他一生都从事绘画创作，边画边研究，从而手法更加高深，画技更加传神，引得人们纷纷一掷千金地购画，也让当时有名的才子竞相追随，共论画艺诗词。最终，唐伯虎的美名远播四方，他成了与文徵明、徐祯卿、祝允明并肩的江南才子。

启 示

SUCCESS

所有事情，只要虚心去做，必能成就一番事业。如果因为自己小小的成绩便骄傲自满，那么做起事情来，十件事情就会有九件做不好，即“虚心万事能成，自满十事九空”。当我们自以为精于某件事、某项技能的时候，最应该回看一眼自己头顶之外的天空，因为天外有天，人外有人。我们一生首要尊崇的就是谦虚好学，若目空一切，浮浅自夸，最终只会成为他人口中的笑柄。

邓亚萍拒绝自卑

在劣势中找到优势，终登世界之巅

自卑是每一个人都会有的心理状态。同样每个人也有自己独特的优势，当它还没有被人们发现的时候，我们绝对不能因为自卑而放弃寻找。

邓亚萍，曾经是中国女子乒乓球队的传奇人物，曾经连续十八次获得世界冠军，其中在两届奥运会中获得四枚奥运金牌，从而成了第一个蝉联奥运乒乓球冠军的运动员。作为北京申奥的形象大使，她为2008年的北京奥运会申办付出了很多努力。当这个身高不足1.50米的“乒坛女王”面临退役时，她却再一次惊呆世人：名校、留学、经商，样样都出色到让人瞠目结舌。这位拚命三娘是怎么打破自身局限而成为世人榜样的呢？

邓亚萍在很小的时候，就受到了父亲的熏陶，可以说从成长开始，乒乓球就已经成了邓亚萍的另一个名字。9岁那年，她顺利地夺下了全国乒乓球比赛少年组的冠军，10岁夺得河南省以及中南五省的乒乓球少年组冠军。

凭着许多个冠军的光环，邓亚萍被送进了河南乒乓球集训队。一直很顺利的邓亚萍却在这里遭到了人生的最大打击，她因为身高的问题被要求退出省队。这让年纪小又心高气傲的邓亚萍受伤不小，一度对乒乓球失去了信心。

可是她却在父亲的鼓励下很快站了起来。父亲根据女儿的小个子问题，有针对性地进行了培养。这让邓亚萍知道了这样一个道理：小个子有小个子的优势，对于个子大的对手来说，只有扬长避短，才对战胜对方。个子小的人一般要比个子大的灵活，这是一个不争的事实，只要弹跳力够，而且体力充足，就能在对阵中处于优势地位。

邓亚萍非常认真地去做了，她为了让自己有更好的爆发力、弹跳力以及持久力，开始负重训练。打球的时候，她经常腿上绑着沙袋，身上穿着沙衣。一场球打下来，往往是汗流浃背、全身酸痛。可是邓亚萍却咬牙坚持着，她不想再次被人从队伍里给踢出去。

在体力、耐力方面进行锻炼的同时，父亲又亲自为女儿制订了适合她的方案——连续进攻，这是她所特有的绝招。一个运动员想要做到全面发展很难，但只要有绝招，再进行漏洞的弥补，就会很突出。

于是长球攻、短球攻、高球攻、低球攻等各种攻球套路成了邓亚萍拼命练习的项目。与此同时，父亲将她推到老队员的跟前，积极地训练她面对强手不心虚、面对劲敌不气馁的心理素质。

经过无数次的失败，邓亚萍成功了，她曾经被嘲笑的身高成为自己独有的招牌，曾被退队的打击成了她前进的激励。当她站在领奖台上时，所有的付出都得到了回报。在她心中，个子小的人不应该自卑，因为靠你的奋斗，你同样可以享受美好人生。

她从小就已经知道自己的身高比不上同龄人，慢慢地，她意识到，这将成为她一生不可改变的事实。但是她却懂得将自身的劣势变成向上的优势，从而努力跃居乒乓体坛的顶峰，让世人改变对于身高不足打不好乒乓球的固有偏见。

启 示

SUCCESS

自卑是每一个人都会有的心理状态。同样每个人也有自己独特的优势，当它还没有被人们发现的时候，我们绝对不能因为自卑而放弃寻找，因为优势的突显是需要坚持的耐力与汗水浇灌的。优势在哪里？它什么时候会出现？一切的答案就在我们对待生活与事物的过程中。

帕瓦罗蒂克服紧张

独特的偏好，铁钉手帕齐上阵

越是紧张时刻，越是关键时刻，如果能够好好把握，那么人生将大不一样。

鲁契亚诺·帕瓦罗蒂曾经因为一曲《我的太阳》而红遍世界，成了意大利乃至全世界最有名的男高音歌唱家。帕瓦罗蒂成功地打动了世界人民的耳朵，在他完美的音色中，在他连续两个八度以上的高音中，时刻展现出这位歌唱家的英雄本色。他似乎正在与人类“对峙”：我就是最高音！因此，帕瓦罗蒂又被世人称为“高音C之王”。

可是又有谁会想得到，这位久经“杀”场，单在纽约大都会歌剧院就演出过379场的世界级歌唱家，居然也会在上台前紧张。他甚至会在上台之前，因为没有办法进行自我控制而紧张，不得不临时取消演出，这给活动举办者带来多大的难题可想而知。但这就是事实，据说这位顶级歌唱者的怯场是受到父亲内向性格的遗传，这是不是就说明帕瓦罗蒂的紧张没有办法消除了？

紧张这种情绪确实困扰了帕瓦罗蒂很长时间，看他发胖的身材就可以知道。为了克服紧张，他放纵自己，大吃大喝，想要以此释放自我。可惜这个方法的弊端太多，帕瓦罗蒂的医生都对他提出警告：再不停止暴饮暴食，就会有生命危险！帕瓦罗蒂彻底没了方向，他不知道自己是不是还能走上歌唱的舞台，人们是不是还能听到自己的歌声。

在帕瓦罗蒂最为无计可施时，他想到了自己家乡的一个传说。在帕瓦罗蒂的家乡——意大利小城摩德纳，人们一直深信生锈的弯头钉子可以给人带来好运，因为这种生锈的金属是魔鬼怕的东西，它能钉住魔鬼不让它们活动，从而达到避邪之效。帕瓦罗蒂如同抓住了救命稻草，他尝试用了一次，效果非常好。

于是，他开始在自己演唱的时候带一颗生锈的钉子，如果哪次找不到这颗钉子，帕瓦罗蒂很有可能就会当场走掉。他对钉子的依赖已经达到了病态的程度，也正是因为这个习惯，帕瓦罗蒂最终克服了自己的紧张。站在台上时，他只要手握钉子，便忘记了自己曾经会怯场会害羞的事实。只是他的衣服口袋总是因为装钉子而被刺破，至于帕瓦罗蒂的歌迷们，更为了讨好自己的偶像而为他寄去各种各样的弯头钉子，有的甚至是用纯金打造的。

消除帕瓦罗蒂紧张情绪的不仅有钉子，还有白手帕。因为他已经不可控制的体形——大肚子，已经突出到抢他风头的地步，这让他压力很大。于是他身边的工作人员为他设计了这样一个方法——在手里拿一块白手帕，如此便能成功地吸引观众的眼光，大家就不去注意他的肚子了。

这样，帕瓦罗蒂心理上就轻松多了，他在演唱会上无意中用手帕来擦汗，这让他非常受用，想不到手帕在演唱会中也能发挥作用。从此，白手帕与钉子便成双成对地出现在帕瓦罗蒂的演出道具中。

其实不管是手帕还是钉子，都不过是帕瓦罗蒂的一种内心依托，他为了克服自己的紧张心理，愿意去尝试各种东西。所以，他不断地用各种东西来为自己加油打气，如穿红内衣、紧身背心等。他的这些行为几乎成了帕瓦罗蒂这个高音之王演出时的“怪癖”，但它们安定着他的紧张情绪，让我们听到了世界最美妙的声音。

启　示

SUCCESS

越是紧张时刻，越是关键时刻，如果能够好好把握，那么人生将大不一样。当面临人生的抉择时，当站在人生的岔路口时，有谁会不犹疑、不紧张？紧张只是人的一种内在心理情绪，它很难消除，关键就要看如何将它框在自我控制的范围之内。

崔永元走出抑郁

积极生活，迈开大步重走潇洒人生路

人的一生总会有这样那样的坎坷，有些坎坷容易迈过去，有些并不容易，这让不少人走进了死胡同。越是把它当回事儿，越是难出来。只有积极的人才能获得第二次人生。

崔永元，中央电视台著名的节目主持人，以《实话实说》栏目走红。他不仅主持做得出色，连小品影视也有所涉及，并都因为其立意之新、看点之足而被大家认可并赞许。可是，就这样一个严肃起来有着担国之重任、幽默起来堪比喜剧演员的全能电视人，却在成名之后患上了抑郁症。

崔永远出名之后，总是因为各种压力而无法入眠，他经常反问为什么对自己这么苛刻，以至于自己都无法忍受煎熬，慢慢地，他发现自己真的抑郁了。对于这种事情他虽然没有心理准备，但却非常乐观，因为他相信凡是病，人就都有可能会得，关键在于得了病之后如何对待。

抑郁症表现出的症状是情绪不高，思维缓慢，不愿行动，最好的治疗就是吃药加转移注意力。崔永元在医生那里清楚地了解到自己的病因，非常积极地开始自我治疗。

2006年，崔永元主持了中央电视台举办的大型电视活动“我的长征”，20位体验者一起重走当年红军长征的路线，从瑞金到会宁，这可是真正的步行。这对于正常的体力劳动者来说都非常艰苦，更不用说像崔永元这样一个长期从事室内工作的人了，崔永元却非常积极地担任了领队。蓝色运动衣，白球鞋，带着朴实的笑，他轻松地上路了。

参加“我的长征”这次活动的体验者有着各式各样的背景，有农民，有商人，还有军人家属，甚至有学生。他们一路走着，一边重温历史，一边在路上献出自己的爱心：帮沿途的养老院搞修建，给无名的烈士墓清扫，看望当年的老红军，等等。

当大家都担心崔永元身体及心理状况无法完成这项任务时，却惊奇地发现，他比之前的精神更加好了。今天走5千米，明天走10千米，崔永元从中体会到了前所未有的快乐。

原来只要自己迈开腿，就会使情绪有这样大的转变。虽然每天吃的东西特别简单——馒头、米饭，可是崔永元变得特别能吃。胃口好，精力足，这让崔永元白天行进时精力充沛，而晚上躺下就能睡着。

这对于一个长期失眠的人来说，那种喜悦是无法形容的。当行程进行到2000千米的时候，全体体验人员进行医学体检，居然每个人都心理正常，身体健康。崔永元几乎不敢相信自己的耳朵：行走的力量，竟然如此伟大！

“我的长征”历时总共250天，直到2007年才完成全部的路线，这时的崔永元已经与出发时的自己判若两人。他黑了，瘦了，却活跃又健康。他之前吃的药物完全停掉了，而且他都觉得为人更加宽容了，比较容易站在对方的角度看待问题。

从这以后，崔永元彻底爱上了徒步，有时他会走着去电视台上班，中间甚至还要绕世纪坛两圈，全程达15千米。可以说，一次“我的长征”成就了崔永元新的人生，让他从一个有点儿抑郁的职业人变成了人生态度积极的生活者。

启 示

SUCCESS

人的一生总会有这样那样的坎坷，有些坎坷容易迈过去，有些并不容易，这让不少人走进了死胡同。越是把它当回事儿，越是难出来。只有积极的人才能获得第二次人生。积极的人生态度虽然不是打败挫折的最终方法，却可以改变一个人由内到外的很多东西。唯有积极，我们才可以走得更顺畅，更与众不同。

和田一夫永远快乐

生活就是一束阳光，70岁从零开始

在人生的旅途上，成功与失败总是交替出现，当失败到来的时候，唯一可以打败它的秘诀便是乐观。

和田一夫，日本商人，昔日八佰伴连锁企业的领导者。和田一夫的生意曾经做得非常大，遍及世界16个国家，光是店铺就有400家之多。在他的身上，处处都展现着商业智慧，因为他用20年的时间打造了一个神话。后来企业突然遭遇破产，给和田一夫当头一棒，但他依旧保持愉快的心情。

最早的时候，和田一夫只不过是一家乡下菜店的经营者，而且还是接父母的班，可他却很有经济头脑，通过自己的努力，他成立了国际流通集团八佰伴公司。没多久，和田一夫的名字进入日本富商的行列，这让他对未来更加信心满满。

在和田一夫68岁的时候，他极力地扩张店铺，甚至扬言要在中国建立1000家超级市场、3000家汉堡快餐店。为了达到目标，他不惜债台高筑。就在这时，经济危机来临，他的伟大目标在一夜之间化为泡沫，并负债13多亿美元。

八佰伴公司破产了，这次破产的灾难性几乎可以申请吉尼斯世界纪录。年近70岁的和田一夫从一无所有到商业巨富，再到一无所有，他经历了别人难以承受的打击。他昔日的辉煌与成绩，以及优越的生活条件，都因为破产而被抹杀。

和田一夫成了普通人，甚至还不如普通人，因为他负债累累。所有的人都认为，这一次跌倒足以将和田一夫送进鬼门关。可是谁也没有想到，平静之后的和田一夫捧着名人传记看了好几遍，然后坚强地站了起来，他发现有一些名人都登上过巅峰，半路也跌倒过，最终在老年时才站起来，和田一夫觉得自己仍然有东山再起的机会。

1998年，70岁的和田一夫终于找到了新的人生方向，他与几个年轻人合作，开设了一家顾问公司，向IT行业转型。对于他不懂的新行业，和田一夫表现得像个好学的年轻人，虚心请教，保持微笑，他心态平和地对待着事业上出现的一切问题。

他发现自己每天都面对和煦的阳光，生活充满了特别多的美好，好像阳光围绕着自己，前进的路上一片光明，身上充满着好几倍的力量，仿佛前路没有什么可以阻挡，即使再次失败，也不会让他的心情有所改变。

回头看看来时路，失败的阴影都变成昨夜寒风吹走的落叶，落叶散开，留下了青草。无论何时何地，如果选择阳光的态度，肯定永远快乐，如果选择昨日的阴影，那么终究会远离阳光。

和田一夫就凭着这种面向阳光的乐观心态，始终正视工作中遇到的问题，然后做出最积极向上的判断。虽然他对IT没有经验，但在经营方面却有自己的优势，比如多年经营零售业积累的经验，就让他将咨询顾问公司经营得非常好。

只用了一年的时间，他便再一次迈进了成功人士的行列，屹立不倒。如今的和田一夫已经完全走出了破产的阴影，他的生意红火，而他的斗志也同样高涨。

启 示

在人生的旅途上，成功与失败总是交替出现，当失败到来的时候，唯一可以打败它的秘诀便是乐观。乐观可以让人内心强大，乐观可以让人充满阳光，同样，乐观可以让失败转为成功。换一种心情，就可以拯救自己甚至是全世界。没有什么特殊的方法能让自己积极地面对，乐观地开始做事更有用！

6

管好自己的财富

财富不在于多，
快乐最重要

管好自己的财富

财富不在于多，快乐最重要

从小到大，我们有机会接触不同的财富，有的是公家的，有的是父母的，有的是自己的。面对财富，每个人感受不同，有各种声音指导我们完成下一个动作，其实这不过是我们的贪念在作祟。

生活中，我们一直在做取舍，有的人希望增加自己的财富，于是花费更多的时间在事业上；有的人希望活得自我，不为财，就为了这个人生过程，于是花费更多时间享受自我与生活。当我们不把财富放在眼里的时候，会更加快乐地生活。

白圭弃政从商

人弃我取，人取我予

财富的累积一般是从低买高卖开始的，当市场处于低谷的时候获取商品，等市场行情好的时候再卖出商品。

白圭，战国时期的伟大商人，司马迁在《史记》中曾经说“天下言治生祖白圭”，即白圭被称为商人的鼻祖。白圭的一生亦官亦商，为官从大处着眼天下，为商从小处惠及百姓，他所做的都是功在当代、造福人民的好事。而其独到的经营理念直到现在还被人们所运用，他被堪称商业界的一块活化石。

作为一名超级成功的商人，白圭并不是一个唯利是图的商人。据说，他的老师是战国时期赫赫有名的鬼谷子，也就是著有《孙子兵法》的孙膑的老师。鬼谷子一生奇谋睿智，所学非常实用。他将自己理论篇中的“人弃我取，人取我予”全部教给了白圭，这让白圭看到了智、勇、仁、强的理论精髓。

不过当时的白圭身为魏国官员，他只能将这些理念运用到做官上去，除了治水，他还曾经用此理论来奉劝魏惠王创立国家理财机构，惠及人民，可都不是很理想。因为明眼人一看，就知道这是一个非常漫长的过程，魏惠王并没有接受。后来，白圭有机会游历各国，看透了当时的官场，从此弃官从商，决定运用此理论来打造自己的经济天下。

白圭认真地观察当时市场的行情，并对当年收成做了一个详细的了解，于是本着“人弃我取，人取我予”的方法，开始了自己的从商之旅。其实这八个字想要理解也很简单，那就是在年成好的时候将农民出售的粮食都收进来，贩卖人民所需要的必需品，在年成不好的时候再将粮食卖出去，同时收购那些滞销的手工业产品，等到合适的机会出售。

白圭与其他商人所不同的地方在于：当市场产品出现滞销时，奸商就会努力压低物价收购，然后等到物价高了再出售。而白圭却总是用比其他商人高的价格来收购，出售的时候总比别人的价格要低一些。在他看来，这样既能保证自己不赔本，又不会让百姓因此受到大的损失。

其实白圭的经营技巧就相当于今天的薄利多销，他所掌握的是市场全局，这样就在很大程度上保护了那些弱势群体，而自己也可以从中得到一定的收益，完全是一举两得的好事。白圭一生不追求大利，因为他非常清楚，若一味地靠高价格获得大利是没有办法实现的，而且昂贵的产品也不是人人都能消费的，这就对商品产生了限制，倒不如价低利小的商品，越是大众化就越是有市场，这样也就得到了积累足够利益的机会。所以，他一生奉行的利益标准就是“欲长钱，取下谷”。

白圭不只是一位成功的商人，还非常会做人。他虽然富甲一方，却从不奢侈度日，一生没有特别的嗜好，吃的、用的都很节俭，与自己的仆人们同甘共苦，特别受人尊重。他在关爱手下的同时，对农民的生产又相当关注，有时他会给农民提供优良的种子，这样种出来的粮食也就会有个好收成，百姓收成多了，他的货物也充足了。而他在百姓心目中也留下了仁义的印象，从而得到了更广泛的认可。

白圭的成功让很多人看到了经商这条路有师可寻，于是从各地投奔而来。但白圭却从不乱收徒弟，在他看来，不懂变通的人不适合经商，而对不遵守自己经商原则的，他也绝不传授经营之道。在当时，商人这个职业地位低，白圭可以做到这样以德才兼备的标准来取才，足以看出他品德的高尚。

启 示

SUCCESS

财富的累积一般是从低买高卖开始的，当市场处于低谷的时候获取商品，等市场行情好的时候再卖出商品。经商有如做人，不管是什么市场，商业的重要命脉就在于人，所以想要成为一名成功的商人，首先要做到的就是提高修养。所谓智、勇、仁、强，既是经商之道，同样也是为人之道，白圭的成功就说明了这一点。

巴菲特反复考察公司
生意不熟不做，不贪婪不跟风

对于财富，没有人不喜欢、不追求，但在投资理财的时候，我们最忌讳的恐怕还是那种急功近利的心态。

沃伦·巴菲特是全球赫赫有名的投资大师，更是《福布斯》财富榜长期名列前茅的商业巨鳄。巴菲特的成就让世界上绝大多数人都认为只要坐上巴菲特开的财经大车，就可以获得暴利。这位被人们称为“大神”的人物却不以为然，因为他始终有自己的投资理念。

1930年，巴菲特出生于美国的内布拉斯加州。他在非常小的时候就有投资的天赋。他对于数字、对于股票情有独钟，这让他的家人都感觉诧异。而且他在5岁的时候就已经有了摆地摊赚钱的行为，到了学生时代，更是一发不可收拾。他能赚钱的名气比起他的成绩似乎还要火。

不过，这并不是说巴菲特就是一个特别贪婪的人，贪婪并不符合他的投资理念。他所信奉的投资标准就是：生意不熟不做，坚决不贪婪、不跟风。对于股票，巴菲特所买的都是传统股，他说：“高科技股不是不可以买，但我不熟悉，我没法投资。”

2000年，网络股风靡一时，可是巴菲特却只看，从来没有买过。很多人都在笑巴菲特这次失算了，可是没过多久，网络股犹如泡沫一般破灭了，有很多大投机家因此而受挫。

巴菲特说过，买一只股票，考察一家公司很有必要。反复考察过公司之后，再投资股票，这才是最明智的做法，不然几十万甚至上百万元很可能就付诸东流。

美国有一家运通公司因为“色拉油丑闻”遭遇了有史以来的重创，大家纷纷抛售运通股票，公司也因此而股价狂跌。这时的巴菲特却并没有着急，他仔细地考察之后发现，美国有很大一部分人在用运通公司的卡，他这样分析：如果公司还要继续运营，那么它就一定会重新振兴。于是巴菲特逢低便买进运通股，结果没用多久，他就大赚了。

买熟悉的、了解的股票才会赚钱，不跟风才会赚钱，而不贪婪也会赚钱。巴菲特在投资一只股票后，并不会指望这只股票在第二天就涨价，甚至猛涨。当大家都在疯狂地投资股票时，巴菲特却是冷静地将手中股票全抛，当大家都蜂拥奔向网络股时，只有巴菲特保持旁观。这就是一种保持冷静的能力。

曾经有人做过这样的统计，巴菲特对每一只股票的投资没有少过8年的，也就是说，在股票的投资上，巴菲特从来不会人云亦云，从来不会急功近利。

有人算过这样一笔账：以巴菲特手中的一只8年股做例子，其手续费是1.5%，我们如果每月换一次，一年就要支出18%，如果是8年呢？不算不知道，一算真的要悔到肠子都青了。所以巴菲特特别清醒，他觉得短期市场是一种毒药，不适合多数投资人。

最近，巴菲特开始投资互联网行业，他觉得自己对其已经足够了解了。巴菲特就是凭着自己这种对投资的认识，凭着自己独有的对金钱的看法，用心地去经营自己的投资事业，从而拥有了富可敌国的财富，成了传奇的股神。

启 示

对于财富，没有人不喜欢、不追求，但在投资理财的时候，我们最忌讳的恐怕还是那种急功近利的心态。如果可以认真地分析一下市场，清醒地对自己所做的事做一个考量，巴菲特式的理财达人还会少吗？还是一句话：冲动是魔鬼。不管是行事还是理财，最需要保持的心态就是冷静。

苏轼痛自节俭
巧于居贫，晚食以当肉

节俭是一种美德，是一种有远见的做法。当人生陷于逆境的时候，需要节俭，在人生顺境中，仍然要节俭。

苏轼，号东坡居士，北宋时期著名的诗人，更有现代的学者为他冠以多种名号：书法家、画家、工程师（著名的“苏堤”便是他最完美的作品之一）等。可是这个集多种身份于一身的一代文臣，一生更多的却是隐忍，这与怀才不遇无关，当时的社会现实让他不为世人所容。

所以，对于苏东坡而言，人生不只是为官作诗，更有着来自生活的柴米油盐。当苏东坡从人生的低谷走到高峰的时候，细心的朋友发现，苏东坡的节俭竟然没有一点儿变化。在苏东坡看来，节俭是人生的一种阅历，也是对财富的一种管理。

对苏东坡来说，他一生其实都很节俭。做官的时候，他就不喜欢奢侈，为自己每餐的菜饭都做了详细的规定：每餐一饭一菜，有客人来便加两个菜，多了视为浪费，他会为此不肯吃饭。据说有时他去朋友家做客也是如此，如果谁铺张得过了，他就会避而不吃，立即返回家中用餐。

苏东坡最为节俭的时期是在1080年，因为对王安石变法持反对意见，结果他被拥护新法的人戴了个“写反诗”的帽子，催生了历史上有名的“乌台诗案”。还好皇上格外开恩，没有杀苏东坡，而是打发他到黄州做团练副使。

这个职位听起来是官员，但既无权也没势，甚至连俸禄都被停发。苏东坡一家老小二十余口，一点儿指望都没有，这样的生活让苏东坡一家凄惨无比。

不过苏东坡却很会理财，他将一些家产变卖。他每月可以取出四千五百钱，将这些钱分成三十串，分别串起来，然后一串一串地挂在屋顶的梁上。每天的一百五十钱，他都要亲自取下交给家人用度，多了一分也没有，如果有盈余，就专门放在一个地方储蓄起来，用来招待偶尔来访的客人。

可是再怎么想也可以知道，每天一百五十钱，如果没有其他进项，这根本不可能够二十余口人长久吃喝的，所以他在朋友的帮助下，让官府在黄州划给他一块田。他每天亲自带着家人前去耕种。这对于一个文官而言是何等艰辛，可他不以为苦，反为乐事，在耕种之中作诗自娱自乐。

非但如此，苏东坡还专门写了一篇名为《节饮食说》的文章，贴在家中的墙上，用来约束家人与自己。他在文中写道，自己每顿饭只可吃一个荤菜，而酒则只饮一杯，就算是有重要的客人来访，也不可太过浪费，三个菜足够了。

这样的日子可以说过得非常苦，有时都会因为没有菜而让人难以下咽。但难得的是苏东坡会苦中作乐，他和家人说古人有“晚食以当肉”的说法，就是在人非常饥饿的情况下吃饭，这样就算没有好菜好饭，也会有吃肉一样的满足感。如此他自己便经常尝试，在艰苦的岁月中过得有滋有味，真正达到了“一蓑烟雨任平生”的人生境界。

启 示

节俭是一种美德，是一种有远见的做法。当人生陷于逆境的时候，需要节俭，在人生顺境中，仍然要节俭。每个人都会在不可抗拒的外界变化中遭遇人生的困境，这时首先想到的不是自己的靠山和背景，而是依靠勤劳和节俭来渡过难关。人生顺风顺水的时候，如果不居安思危，就很容易出现被动的局面，所以节俭在任何境遇里都是不可缺少的美德。

比尔·盖茨100美元也会捡

生活“吝啬”，巨额捐赠慈善事业

没有谁天生就会花钱，像天生就会赚钱一样，做一个普通人，很重要，也很快乐。

比尔·盖茨，美国的商业精英，世界的IT巨人，曾经登顶过全球首富之位。不管用什么溢美之词来形容，似乎对于盖茨来说都太轻了，因为现在已经没有人可以清楚地计算他每分钟创造的财富是多少。“金钱”这个概念已经不适用于盖茨，就像他自己所说：“金钱不过是一个特定的符号而已。”但是这样一个将金钱当成符号的人，他的生活却充满“吝啬”。

之前网上讨论最为火热的事是：地上如果有100美元，盖茨会不会弯下腰去捡起来。因为对于盖茨这样的人来说，他每一分每一秒所创造的价值都会高于这100美元。对于这样一件亏本的事，很多人都没有准确的答案，因为谁也不是首富，谁也没有办法去体会这其中的感受。

但盖茨却说：“我会捡起来的。”大家都觉得不可思议，而盖茨自己却轻描淡写地说，不管对于谁，100美元都是真正的金钱，这个观念是一定要有的。另外，再看这,100美元的真正价值，或者是别人丢失的，那么将钱还给失主，这是应该做的事；如果找不到失主，他会毫不犹豫地将钱放进基金会去，因为这100美元可以帮助很多人。

这就是盖茨的思想，对于金钱，他会用到最需要的地方，而不是任意挥霍或者践踏。在日常生活中，盖茨确实就是这样做的，他对自己的生活非常严苛。他每年奔波于各地，却从来不坐头等舱。有人说盖茨对于打折的商品最感兴趣，这是真的，他一直这样过自己的生活，因为他讨厌用钱来摆阔的人。他觉得，只会过分享受的人，永远也体会不到普通人的生活的艰辛。

有一次，盖茨与朋友去希尔顿饭店开会，过去时没有停车位，这让他很为难。朋友自然而然地建议这位首富把车停到饭店的高级车位——贵宾车位。盖茨想了想：一个贵宾车位要比普通车位多付12美元。这绝对不符合他的风格，于是他拒绝了。

朋友很不理解，说："钱由来我付就好。"盖茨还是没有同意，因为他所在意的是这样做是否有价值，而不是谁付这笔钱。他自己就这样说："花钱就像烧菜一样，要恰到好处。如果盐放得少了会淡而无味，但放多了就会没有办法食用。"盖茨一直对妻子说，自己工作并不是为了赚钱，他喜欢普通人的生活方式，喜欢与家人与朋友一起吃个热狗、一起喝杯咖啡的轻松。

可这并不是一个全面的完整的盖茨，他在生活中对自己吝啬，却在慈善事业上不遗余力。在美国《商业周刊》的统计中，人们看到盖茨的捐赠总是排在第一位，有人将他定义为"世界最大方的人"。有调查显示，他的基金会捐款的总金额接近400亿美元。

对盖茨来说，花钱和赚钱一样困难，都需要足够的智慧，捐钱也一样。在他看来，前半生需要赚钱和花钱，后半生主要做的是捐钱。金钱不过是人生的一种工具，无论处在什么环境中，我们都要保持普通人的平常心。

启 示

没有谁天生就会花钱，像天生就会赚钱一样，做一个普通人，很重要，也很快乐。社会的金钱概念不应该停留在享受上，因为它只不过是人生一个自我实现并被人认可的符号，想办法赚取它，但并不一定要丢失自己的本色。所以，对自己所赚取的财富有一定的计划，并以平常心去对待，这才是人生最高的境界。

王石公私分明

财富透明，潇洒生活

关于人生，很少有人会身在其中而做到完全不为金钱所牵绊。金钱往往是导致一个人在现实中迷失的狂药，看清金钱的人，才能活得洒脱。

王石，万科企业的创始人，中国有名的房地产开发商。对于与房产挂钩的很多事他几乎都参与，所以他在各类协会中的头衔很多。这些头衔将王石框定在一个特定的圈内，那就是房地产。

说起房地产，目前人们有一个共识：它是现在最赚钱的生意之一。而事实是王石确实在地产业做得不错，赚得盆满钵满。而面对巨额资产，王石却并没有迷失自我，他甚至非常清醒地对自己的财产进行控制。

公司的钱，家里的钱，王石都非常清楚地进行划分。王石有八个兄弟姐妹，他们都没有得到过万科公司的好处。就连同他一起在深圳发展的姐姐也一样，没有合作项目，更没有优惠之说。

王石习惯了公私分明，而且平时他是不管钱的，这种事全部由公司财务部门来接管。这样做的好处在于有监管方，更容易清楚地算账。所以在王石的公司里，人们一直相信这样一个事实：财富透明，账目公开。

很多成功人士会因为成功而最终成为金钱的手下败将。王石却做得非常好，他将家与公司、亲情分得清清楚楚，让人不得不佩服。

工作之外，王石喜欢户外运动，喜欢登山，还挑战过北极、南极等地。参与这些活动时，他全部用自己的钱，和公司完全没有关系。如果有赞助商，他接受，可是如果没有，他也不在乎，因为他将这一切看得很淡。

在南极探险的时候，赞助商为他提供了一家飞机接送和运输物资的探险公司，可没想到，活动开始之后，那家探险公司却破产了。赞助商没想到这件事，王石他们更想不到。但面对这样的突发事件，王石却站出来对赞助商说："这个活动肯定是要继续下去的，现在请你先为我垫付后面的资金。如果探险公司那边的款项可以追回来就算了，如果追不回来，这个钱就由我来担付，这样让你不受损失。"结果就是王石自己为这次行动买单，花了100多万元。他绝不去动用属于公司的任何钱财，这就是他的公私分明之术。

而最难得的是，在王石的身上，不只有透明的财富观，那种人性里的潇洒是很多人所无法拥有的。王石从小出生于一个军人家庭，他17岁离开家去参军，在新疆那片北方的土地上做了5年的运输兵。

之后他转业做了一名锅炉工人，然后凭着出色表现，他被推荐上了兰州交通大学。这些经历是年轻人所体会不到的，因为那不是风光，而是脚踏实地地一步一个脚印走出来的。王石的第一桶金，是他做中介赚来的，他用当时赚来的钱做起了生意，这就是一个个体户的奋斗历程。在后来的经营中，万科所涉及的范围很广，领域很多，比如吃的用的，穿的戴的。

但经过了这样的人生历练，王石也看明白了人生很多事。

他成名之后，所拍广告赚的钱都捐给了慈善机构。他在金钱上可以做到不贪不欲，自然在精神上就更高于别人。当成功与财富同时到来时，王石对待这一切的态度与方式已经称得上有很大的智慧。

启 示

SUCCESS

关于人生，很少有人会身在其中而做到完全不为金钱所牵绊。金钱往往会导致一个人在现实中迷失自己，看清金钱的人，才能活得洒脱。只有会挣钱，会花钱，还会正确地对待金钱，你的人生才堪称轻松，你才真正驾驭了生活。

尹明善先富帮后富

尽人事听天命，做事要正大光明

“穷则独善其身，达则兼善天下”，在贫穷的时候要管好自己的道德和财富，在富裕的时候要帮助天下人脱离困境。

提到尹明善的名字，大家可能会感觉有些陌生，可是提到国内大名鼎鼎的力帆企业，我们眼前便立刻展现出它辉煌的业绩与名气。而力帆控股有限公司的董事长正是尹明善，他打造了力帆这样一个国内最大的发动机企业，还成功地走入政界。这些闪耀的光芒让人不敢相信：尹明善“昨天”还是“阶下囚”，如今却成了进入省级政协领导层的民营企业家。

或许，说起尹明善的“昨天”，就不得不回味曾经的岁月。尹明善是1938年出生的，当中国历史上那个最特殊的年代到来时，他已经因为“资本主义”倾向的罪名而在农场改造了。他人生大好的20年时光可以说是在劳动农场度过的，这对于一个青年人恐怕是一生也不可能承受的生活之重。但尹明善什么也没有说，艰苦的岁月锻炼了他钢铁一样的意志。

走出劳动农场之后，尹明善最初开始从事的是出版事业，并成功地从中赚取了日后运作商业的资金。1992年，中国已经如火如荼地进入改革开放时期，尹明善终于不能平静了，他要抓住这个有利时机。这时的他已经50多岁了，在太多人看来，他历经时代的打击之后应当本本分分。可是他却一定要创业，要走自己的路，于是一家摩托车修理铺在亲人、朋友的阻拦中成立了。

尹明善信奉的是谋事在人，成事在天，他觉得自己做到了，对自己不愧疚就行，正所谓尽人事、听天命。这就是尹明善对自己的要求，他在农场浪费了20年，那青春岁月如同晚到了20年一样，尹明善尽情地做自己想要做的事。

很快，他的摩托车修理铺变成了工厂，由工厂变成了公司，尹明善用信念与坚持，很快让力帆走上与别人不一样的路。力帆的名气越来越响，尹明善的目标也越来越清晰，他成功地站在了国内民营企业家的前列，并成功地成为政协委员，甚至还组建自己的足球队——重庆力帆足球队。

虽然尹明善一直在努力地奋进，力帆的名气也越来越大，可这些却从来没有改变过他对自身的要求。在尹明善看来，企业所改变的绝不仅仅是自己的生活，更要惠及为自己工作的员工，甚至是社会。他积极参与慈善事业，一直以先富帮后富的目标，帮助大家实现共同富裕。尹明善是这样想的，同时也这样做。

2003年，“非典”气势汹汹地袭击中国大地时，尹明善代表力帆集团向重庆政府捐出了220万元用来防止“非典”的传播。2004年，重庆遭遇特大洪灾，力帆集团为当时受灾严重的开县捐了80万元，支持其灾后重建。

与此同时，尹明善敏锐地关注到教育这一方向，他先后建起52所希望学校。据统计，尹明善的捐款金额在2005年年底就快达到4500万元。可这对尹明善来说还远远不够，他要做的事充满了光明与希望。正是这样的决心与目标，让尹明善成为中国知名的慈善企业家。

启 示

“穷则独善其身，达则兼善天下”，在贫穷的时候要管好自己的道德和财富，在富裕的时候要帮助天下人脱离困境。只有做到节制自身，友善地对待世人，才能脱离人性中最低级的趣味。

张朝阳活在当下

生活高于事业，活得高兴

没有人知道自己一生要用多少钱，所以财富成了最没有止境的追求目标。但在追求财富的同时，千万别忘记追求财富的初衷——活得快乐。

张朝阳，一个引领中国人网络使用习惯的人，他凭着自己在美国生活10年积累的经验，在中国开创了第一家用风险投资资金建立的互联网公司，并最终在美国纳斯达克成功上市。这个青年得志的留学生，在成功面前却显得成熟而稳重，将一切的辉煌都掩藏于轻松、幽默之后。

对于张朝阳来讲，他一直将生活看得高于事业，他觉得活得越久的人，生活质量肯定越高，人也非常快乐。他活得很明白，因为他活在当下，活得高兴，这就是一件非常伟大的事情。

虽然在张朝阳身上有很多颠覆传统的传奇，但是世人却愿意这样心甘情愿地接受他的狂放与不羁。因为对于一个有能力的人来说，他值得拥有更多。1964年，张朝阳出生于一个普通家庭，没受过什么苦，但也没享过什么福。1986年，他顺利地在清华大学毕业之后，这个当时被人们看作天之骄子的物理系学生理所当然地留学于美国麻省理工学院。

如果不是有不羁的内心与对生活品质的向往，可能学术生涯将是张朝阳一辈子的生活内容。可是美国的生活方式给了他很多展示自己个性的机会，他扎起了叛逆的马尾辫，玩起了摇滚乐队。

他以为生活应该是与自己外表完全不同的另一种形式的张扬。可是有一天，他开着车在美国的街头与一棵大树展开一场拥抱，他在强烈的撞击中醒来后，开始清醒地面对自己的本心：我要研究的不是物理这个专业。

1996年，一家名为爱特信的网络公司成立了，公司老板就是张朝阳。让张朝阳自己也没有想到的是，中国的网民们早已在热烈期待这一天的来临，于是他顺风顺水地成就了自己的事业。虽然有些冒险，有些侥幸，却又那么顺其自然。谁能看到时代的发展，谁就能引领时代，张朝阳就是那个看到了时代走向的人。

张朝阳以那个特别的时代为起点，发掘了自己内在的能量，以至于他现在回头来想：只有经历过才知道，一切都是虚幻的，没成名的时候渴望成名，成名后就对功名没有强烈的执着了。

最为重要的一件事是，功成名就之后，你想要做什么？张朝阳选择的是回归生活，因为在他看来，拥有稳定的财富，回归生活是必然的事情。与朋友一起吃顿饭，喝杯咖啡，聊聊天，这种平静的生活才是真实的人生。所谓从容，就是能平静而又自主地打理自己的生活，张朝阳非常有智慧地意识到了活在当下的幸福。

张朝阳没有对财富抱有过度追求的想法。因为他非常清楚，在财富面前，除了谨慎与理性，剩下的就是压力。强求的越多，付出的就越多。如果说生活就是为了获得享受，那么必经的过程肯定是获得财富，而过度追求财富，定会影响生活品质。

启 示

SUCCESS

没有人知道自己一生要用多少钱，所以财富成了最没有止境的追求目标。但在追求财富的同时，千万别忘记了追求财富的初衷——活得快乐。但若真的审视内心，我们会发现这样一个道理：钱再多，也不一定意味着过得更加舒适。生活中真正的幸福应该是一日三餐后，轻松从容地面对每一件事，真实地活在每时每刻，活在当下，这是任何事物也阻挡不了的，哪怕是财富。

邵逸夫靠勤奋和智慧积累财富
取之于民，用之于民

赚钱难，用钱更难，因为将钱用到适合的地方，是一件非常考验大脑的事情。

邵逸夫，出生于上海，生活于香港，是一位影视业巨子，他是香港电视广播有限公司荣誉主席，他成功地创办了邵氏兄弟电影公司。关于邵逸夫的传奇，完全可以拿来与任何一个世界富豪相比，因为在他的身上，有着跨越时代的印痕，有着空间变换的融合。在邵逸夫的身上，我们能清楚地看到力量与财富的结合。但是，邵逸夫的力量是通过自己后天的努力获取的，而财富更是靠自己努力创造累积的。

1907年，邵逸夫（原名邵仁楞）出生于富裕家庭，家里有八个兄弟姐妹，他排行老六。1910年，邵家接手了用来抵债的上海剧院“笑舞台”。可是好景不长，在邵逸夫16岁的时候，邵家败落了，所有的家族产业只剩下那家被称为“笑舞台”的剧院。邵家兄弟们一起经营剧院，拍电影，并全部改了名字，邵仁楞至此更名邵逸夫。

1957年，邵逸夫的剧院生意做得不温不火，所赚利润并不多。这时，香港迎来了蓬勃发展期，于是邵逸夫决定去香港发展，开始自己的影视新起点。第二年，他便成立了邵氏兄弟香港有限公司，为了抢占香港影视最高点，他不得不在一小块地皮上开始建立自己的影院。因为没有钱，他一直想建的摄影厂只好一拖再拖。但邵逸夫相信付出就有收获，所以坚持从小规模慢慢发展，最终用意志战胜了困境，用汗水换来了自己的邵氏影城。

1967年，邵逸夫与合伙人创办香港第一个商业无线电视台——香港无线电视，缔造了很多演艺巨星，捧红了不少港姐明星，拍摄电影一千部，收藏四十多万部影片等母带，产生无数的财富和巨大的社会效应。

成功的邵逸夫并没有独享这份荣华，他的信条是“丈夫贵兼济，岂独善一身”，所以他这样对外界宣布：“我的财富是取之民，应用之于民。”在香港，邵逸夫虽然并不是最有钱的人，可他却做得最好。

20世纪70年代中期，邵逸夫成立香港邵氏基金会，为多家图书馆、学校捐款150万港元。1977年，他为香港艺术中心捐出600万港元，1985年，为祖国捐出1000万港元修缮敦煌莫高窟文物；然后又在自己的家乡建起了逸夫图书馆、教学楼，创办了助教奖学金。为了表达对邵逸夫行为的赞美，中国科学院将紫金山天文台发现的一颗行星命名为“邵逸夫星”。

没有谁会像邵逸夫这样，源源不断地把自己辛苦积累起来的财富大把大把地捐给教育事业。他对于内地教育的捐助已经高达47.5亿元，因为他觉得，一个民族的伟大之处在于掌握、传播、实践良好价值观，他觉得自己能在这方面提供力所能及的有力帮助和支持。

他在香港设立了“邵逸夫奖”，这是为了表彰人类杰出科学家所设立的专门奖项，这个奖项获得者的研究成果要对人类有特别重要的意义，无论什么人种都可以获得。邵逸夫设立的这一伟大的奖项几乎到了诺贝尔奖的高度，这给科研人员带来了空前的激励和信心。

一个没有资金保障、凭着实力创业的人，最终走向财富的高位，这种行为本身就值得人们学习。而他手握的财富取之于民，用之于民，这种财富观更是堪称积极向上的典范。邵逸夫就是这样一位让世人敬仰，被后辈奉为偶像的人。

启 示

SUCCESS

赚钱难，用钱更难，因为将钱用到适合的地方，是一件非常考验人心的事情。这话一语中的，只有有了正确的财富观，才不至于成为金钱的奴隶而始终受到财富的束缚。因为，美好的事物远比财富多得多。

吴奇隆合理安排财富
享受赚钱过程，怎么用并不在乎

当生活跌入人生谷底时，不必急着摆脱身上的重担，积累财富的过程会让我们更珍惜日后得到的财富。

吴奇隆，台湾著名的影视演员，曾经以歌手出道，在大红大紫的时候因为团队成员去服兵役，他们的团队不得不解散，然后他很快被新人所取代，于是只好默默地从头做起。对于吴奇隆来说，他酷酷的外表下是一颗坚持的心，我们只看到他取得的成绩，却不知道他的成绩背后有合理的财富观。

原本，吴奇隆有一个编剧出身的父亲，可是父亲却没有为他带来任何的便利，反而欠下一笔巨债。当别人想方设法积累财富的时候，吴奇隆所要做的就是努力打工替父还债。为此他过早地走入社会，每年暑假去赚钱。学费与生活费这些支出，在他13岁时就完全自己负责了，甚至摆地摊、洗车等职业，吴奇隆都干过。

18岁那年，吴奇隆迎来了人生的小高潮，他成了小虎队中的一员。小虎队的名气为他的生活带来了很大的改变，可是他却因为父亲的巨额债务一如既往地过着清苦生活，甚至因为出了名，所以有活干，有人找，才不得不去加班加点地工作。有很长一段时间，他每天工作的时间是20个小时以上。

每个月要还不少钱，没钱的时候只能向公司借，然后再工作赚钱来还。那段时间，连他自己都不知是怎么熬过来的，他只记得还债用去了他12年的时间。试想，一个人有几个12年？何况还是他一生中那么美好的青春岁月！

可是还债的生活并没有让吴奇隆对财富过于看重，反而在很大程度上让他养成了合理支配钱财的习惯。吴奇隆喜欢赚钱，这是从他偿还巨额债务方面潜移默化培养出来的，但是他并不是那么在乎怎么花钱，因为他喜欢赚钱的过程。在吴奇隆的生活中，似乎很少看到他自己享受的片段，倒是挣钱时，他总是冲在最前面。

小虎队出名之后，吴奇隆有了一定的收入，于是他在接触电影的同时，也开始经商。1991年，他投资了自己的第一家餐厅——龙华楼，随后又因为业绩不错，在上海、北京等地陆续开办了这类餐厅。

1993年，他在《新同居时代》中与张艾嘉合作，从而被人们所认可，在第二年与徐克导演合作，出演了《梁祝》。与此同时，他对服饰行业产生兴趣，于是开始经营服饰店。1996年，他主演的《新喋血双雄》再次将他推向事业的巅峰。

于是他趁着大好的形势，开始投资宠物店甚至游艇生意。现在的吴奇隆已经有了自己的工作室。据业内人士透露，吴奇隆所投资的电视剧《新白发魔女传》让他赚了几千万元。而另外一部电视剧同样如此，所以凭着两部剧他就收入过亿了。近年来，他的工作室以15倍的溢价被收购多数股份。

如今，身家超10亿的吴奇隆生活非常平顺，而且他理财的态度也更加趋于成熟，他说只有合理地安排，才会让财富增值。吴奇隆将自己所赚的钱基本上分为三份，一份用来投资，一份用来存储，而另一份则供日常生活开销之用。无论在工作中，还是在积累财富的过程中，吴奇隆同样享受生活，这就是他的人生。

启 示

SUCCESS

当生活跌入人生谷底时，不必急着摆脱身上的重担，积累财富的过程会让我们更珍惜日后得到的财富。而当生活走向巅峰时，也不要忘记了昔日的沉痛，把握并珍惜已有的财富，才会让我们永远不再重走过去的旧路。这就是财富的运用法则，它不深奥，却要求自我控制。

孙俪守住财富最实在

钱不用太多，会生活的人才富有

无论赚多赚少，最终都需要用于生活，所以别用钱生活，而应用心生活。

有人说，演员孙俪对于理财的标准就是将钱放进银行，因为她只相信一个道理，那就是将财守好最实在，为今后的生活做好准备，这就是最实在的理财方式。“甄小主”的这种做法真让人大吃一惊：原来并不是所有的有钱人都喜欢用钱来“生钱”的。

这也不足为奇。对于孙俪来说，2002年之前，她就是一个普通的女生，虽然也会出演一些小角色，但没有成名的她收入并不高。直到那一年出演了《玉观音》，孙俪的大名才一下不胫而走，几乎在一夜之间，她成了众多粉丝追捧的偶像。

出了名，演出费也就高了，可孙俪在金钱面前却非常淡定，依旧过着普通人的生活，买东西喜欢便宜一些的，出门也多追求轻松着装。品牌对于她来说，只有需要的时候才用到。不知是不是因为从小养成了忧患意识，孙俪总认为挣到的钱只有存起一大半，那样才会让自己在生活中感觉到安全，她甚至笑称自己这是“返璞归真型理财”。

其实，在孙俪的交际圈子里，她是完全不缺少投资机会的，可是她对此却并不感兴趣。有些圈内人因为热衷投资而过着大起大落的生活，这让她感觉到很累，她认为钱不需要太多，只要够用就好了。这样淡泊的心态不得不让人赞许她内在的质朴。其实成为大富翁的人已经有太多，跟风未必就会失败，她却宁肯守着自己辛苦积累的财富过日子。

最让人诧异的是，她在怀孕之后，居然跟已经生育过宝宝的朋友要“二手衣”，这不是因为她买不起，而是因为在她看来，孩子长得那么快，通常衣服都只穿一两次，洗干净后和新的没有区别，何必浪费钱再买呢！

孙俪就是这样，在她成名之后，唯一投资的恐怕就是几处房产了。而孙俪自己却认为，这与投资实在沾不上边，因为她需要这几个地方的房子，她买下来就是要住的。另外，她资助过希望小学，花钱做过公益，这大概只能算在她的花钱项里，实在称不上投资之说了。

不过，虽然孙俪对于投资如此小心，但却并不代表她不会生活。因为孙俪最相信一句话：“会生活的人，才最富有。”所以抱着这样一种心态，孙俪的生活又怎么会少了滋味呢！孙俪的日常，逛街与旅游占去很大一块，她喜欢这样的生活。

收藏也是孙俪的小爱好，不过她收藏的东西都有些小女生情结，因为这些收藏品就是玩具，比如泰迪熊，在她的家里不少于十几种，据说有着一个庞大的玩具军团，在上海可以买到的精美玩具，在她那里都能找到。

钱不需要太多，只要守住属于自己的财富，然后用心生活，这样就足够了。孙俪的财富观大致可以总结成这样一句话，看上去让人直呼太简单，可是这简单真的做起来却又需要太多的理性与智慧。随性生活的孙俪对此驾轻就熟。

启 示

无论赚多赚少，最终都需要用于生活，所以别用钱生活，而应用心生活。当我们不是富翁的时候，似乎总对着富翁的帽子蠢蠢欲动，可是真正戴着富翁帽子的人却知道，它沉重又不实用，唯有光亮让别人羡慕而已。还是过自己想要的日子吧！钱只要够花，生活属于自己就好，这同样是精神世界里的一种富足。

王均金誓做百年老店

企业做长比做大更重要，捐款不如办教育

金钱可以带来很多东西，却也会败坏一个人的德行。只有真正意识到“百事之头，德字先行”这一道理的人，才是未来财富的主宰者。

王均金，一个出生于温州农村的普通人，却用十几年的时间和哥哥一起做大了均瑶集团。王均金用一股“白天当老板，晚上睡地板”的精神打拼到今天，经历的苦难只有他自己才知道。可是面对一切艰辛的过往，王均金却坦然又轻松，他说：“站得高才能看得远。”

在温州盛传这样一句话：“永远不要打工，大小都要做老板。”这句话对于温州人来说是一种信念，对于王均金也同样起引导作用。而他从小听父亲说得最多的一句话是：“伸出手，要摸得住胸头一巴掌地（良心）。”

这就是王均金成长过程中所受到的教育，这让他时刻牢记做什么事都不能损人利己。王均金并没有多少文化，可是他记住了父亲的这句话，他奉行着自己做老板的信念，他的人生才有了今天的模样。

19岁时，王均金与哥哥一起离乡创业，当时冒险实在不是他应该考虑的事，只有艰苦才让他体会最深，因为他临出门时，是凭着一张无座票到湖南的，睡在火车座椅下面的滋味他一直记着。

到湖南之后，王均金与哥哥不断地开动脑筋，在大家不关注甚至不屑一顾的领域里捞金。通过不断的观察和思考，他们终于瞄上了亚运会的商机，开始做亚运会纪念章，并成功地收获了人生的第一桶金。

接着，他们从往返家乡与湖南的艰辛中又看到了新的发展机遇——做航线承包，自此王均金的人生与飞机搭上了边，他与哥哥成立了均瑶集团。这一段时间之内，他都是集团的副手，因为哥哥才是董事长。2004年，均瑶集团已经成为举足轻重的民营企业，可是哥哥却病逝了。从此，王均金成了均瑶集团真正的董事长，独掌公司大权。

公司在王均金的执掌下发展迅速，如今已经成长为国内民营企业的百强企业之一，在各个经营领域都有所涉及。事业的蒸蒸日上并没有让王均金迷失，他觉得企业就应该长久稳健，做得长比做得大更重要。正是因为这种理念，王均金百年企业的目标得到了明确，他要将企业做得更长，做得更稳，让社会都认可。

可是王均金也很清楚，想要被社会认可，就得对社会有所付出，这是相互助益发展的前提，所以他提出了“均瑶的是社会的”的口号。这不只是一个口号，王均金就是朝着这样一个方向努力的，投资社会，承担社会责任。

在他的带领下，集团的公益事业做得非常出色，他并不是简单地捐钱出去，而是将其效益最大化，因为王均金慢慢发现，捐款不如办教育。2003年，公司捐出1000万元，设立了“大学生志愿服务西部计划均瑶基金”，这可以让很多人“精神脱贫”，是功在当代的好事。2005年，均瑶集团出资6000万元收购上海两所学校。

当王均金站在自己的写字楼前，气定神闲地欣赏日渐壮大的企业时，他已经非常笃定地意识到自己未来发展的方向百分百正确，他觉得想要做百年老店，就必须培养优质的接班人，让他们成为对社会有用的人。这是一种企业传承的声音，也是王均金对未来教育的信心。

启　示

SUCCESS

金钱可以带来很多东西，却也会败坏一个人的德行。只有真正意识到“百事之头，德字先行”的道理的人，才是未来财富的主宰者。所以，用自己的德行去积累财富，然后用财富去恩泽下一代，这无疑是最为有效的财富利用方式之一。

7

管好自己的身体

养成健康习惯，

活得轻松自在

管好自己的身体

养成健康习惯，活得轻松自在

常言道，身体是革命的本钱。每个人的身体都是自己最宝贵的财富。有人曾经出过一个题目：一个是80岁的身体，拥有1000万元；另一个是20岁的年轻身体，是个穷光蛋，你会选择哪个？多数人都会选择后者。

由此可见，身体对人们多么重要，但是每天使用身体的人们却会经常忽视自己赖以生存的工具，只会过度使用它，加速身体老化，并没有给身体补充足够的能量。我们要培养适合自己的健康习惯，给身体减负，让自己精神愉悦。

马三立动静相宜

活动筋骨，安心养神，调节身心

有人说，生命在于静止；又有人说，生命在于运动。其实生命在于动静结合。

马三立，著名的相声表演艺术大师，他既是艺术家，又是社会活动家，一生将自己所有的精力都用在为别人制造欢乐上。他在自己相声演员的职业上一直工作了80年，从而成为相声界资历最深、造诣最高、辈分最大又年龄最长的老艺人。人们习惯称他为相声界泰斗，而他从来都平易近人，为人低调。

马三立一生敬业，德艺双馨，直到晚年还保持着充沛的精力上台演出。这样一位有能力又懂幽默的老人，除去对相声事业的孜孜以求之外，更有着自己简单而富于智慧的养生之道。

首先，他是个乐观达人，一生都保持着自我愉悦的心情。20世纪50年代，马三立被无情地打入右派的阵营。当时他也不能接受，但闹过之后很快就平静地接受改造了，从此不管是团煤球还是住牛棚，都没见他难过，他始终积极地劳动着。

当年与马三立一起改造的还有他的徒弟、相声大师常宝华，他后来经常与老人谈那时的事，老人总是让他就此打住这个话题。他的儿子马志明谈起那段在农村的生活，说父亲把家里家外收拾得倍儿好，种的蔬菜、水果、粮食吃都吃不完，等到被平反了，老人都不想回来了。这就是马三立，他一生信奉的就是：“养生之道不少，最重要的是心胸宽阔，首先是不找气生，自己消气。”

马三立大师的一生中贯穿着一个词，那就是学习。他自己就说：学无止境，要活到老，学到老，用到老。这种向上的心境让老人保持着非常敏捷的大脑，所以他在90岁高龄时，依旧能熟练顺畅地进行表演。

但马三立从不因学习这种事为自己邀功，总说自己是一个普通的艺人，只是一个特别热爱、喜欢钻研相声的老艺人。这种低调的态度已经渗入了马三立的骨子里，让人感觉得到他身上那种由内而外展现的儒家风范。

好学的同时，老人还有静坐的习惯，特别是到了晚年，他经常闭门谢客，为自己营造安静的空间、放松的环境。每天工作之余，他总要静坐两小时，当作安心养神、调节身心之法。这种静坐的方法让老人身上总是充满了能量，平时有个小灾小病的，扛一下就过去了。

中医的理论讲究动静相宜，马三立老人就做得非常好。他虽然一直好静，可从来没有放下过手里的活。特别是老伴走了之后，他的生活基本都是自己打理：洗洗碗，扫扫地，打扫一下院子，侍弄一下花草。这些事让老人的生活非常惬意，他认为这是生活之乐，所以坚持自己动手。

另外，老人还给自己编了一套健身操，他说是用来活动筋骨的，每天做一遍，让他气血通畅，生命力十足。散步也成了老人生活中必不可少的活动，早晚一次，从来不间断。这种动以保健形体、静以养心调神、动静兼行的生活方式，真正让老人达到了长寿的效果。

马三立老人在生命最后的时刻写下自己的遗言，其中有这样一句：“老叟从艺八十载，江湖笑面写传奇。”这几个字就是老人一生坎坷却用平常心对待的真实写照，也是老人可以长寿的独家秘方。

启 示

SUCCESS

有人说，生命在于静止；又有人说，生命在于运动。其实生命在于动静结合。生命的长短与质量高低有关，不论你生活在什么样的地方，它都要求一种平而润的滋养，只要把握了这种不焦不躁、不疾不徐，又自我调节、善于自知的节奏，生命也就自然而然地延长了。

巴普洛夫精力充沛

热爱劳动，劳逸结合

在所有的养生秘诀中，最常被人讲起的就是劳逸结合，有劳动、有娱乐的生活才是最舒畅身心的生活方式。

巴普洛夫·伊凡·彼德罗维奇，高级神经活动学说的创始人，是著名的医师、心理学家，他研究出的条件反射理论，对心理学的发展起到很大作用，获得过诺贝尔生理学或医学奖。巴普洛夫是一位长寿的幸福之人，在这个充满激情的学者身上，人们最多感受到的是他不知疲倦的充沛精力。好像不管什么时候，他都像旋转的陀螺，为生活、工作以及那些未完成的研究，不停地转着。直到他人生的最后阶段，还在为科学奋斗。

对于巴普洛夫来讲，“巴普洛夫很忙”就是他一生的标注，因为在这位充满精力的学者的身上，人们从来不知道什么叫休息。巴普洛夫一生都在为如何为科学事业留下最有价值的东西而忙，甚至当人们想要探望这位快要离开人世的老人时，他只用一句“巴普洛夫很忙”将众人挡在门外。

对于我们来说，很难想象工作强度高的人如何活到九十岁的高龄。这样的不眠不休，又是怎么让他至死都精力充沛的呢?

“热爱劳动，劳逸结合”应该就是巴普洛夫的长寿秘籍。他从小出生于一个普通家庭，经济并不宽裕，而且他是家中五个孩子中的老大，这让他很早就意识到要为家庭分担负担。所以他经常为父母干一些力所能及的活，只要对家庭的安定有作用，无论家务或是零工他都做。

这让他养成了从小热爱劳动的习惯，他甚至感觉只有劳动才让自己充实。所以他曾总结，他特别喜欢脑力劳动和体力劳动，尤其喜欢体力劳动，因为小时候的习惯，体力劳动已经深入其骨髓了。

上了大学之后，巴普洛夫一直保持着学习与劳动并行的习惯，他经常做家教，赚取生活费与学费。为了节省车费，他每天上学或者做家教都用步行来代替乘电车。这样的体力锻炼给了巴普洛夫一个非常强健的体魄，让他一直健康无忧。

等到工作之后，他的脑力劳动在一定程度上占据上风，因为他结婚后，生活中的家务有很大一部分都由妻子完成。妻子不让他做家务，同时也限制了他饮酒、频繁应酬等不好的习惯。巴普洛夫在这样的情况下大量增加自己的研究工作，每周工作7天，没有假期，直到他70岁，还每天来回乘坐电车上下班。

虽然巴普洛夫的工作强度很大，但他并没有放松锻炼自己的身体，在劳动的时候，他也没有忘记用娱乐来放松一下身心。他最喜欢的娱乐游戏是击木游戏，那是俄罗斯所特有的一种民族游戏：由五根木柱组成，然后由人用橡木或者其他木头做成的木棍进行攻击，能够将一根或者多根小木柱撞出规定区域者算胜利。

游戏可以一对一，也可以采用团体方式，巴普洛夫最喜欢一对一的方式。他觉得击木游戏可以锻炼人体的三力——眼力、臂力、腿力。

这就是巴普洛夫的一生，在工作中劳动，在劳动中游戏，让自己的体力与精力一直到老都很充沛。

启 示

SUCCESS

在所有的养生秘诀中，最常被人讲起的就是劳逸结合，有劳动、有娱乐的生活才是最舒畅身心的生活。它不但能促进身体新陈代谢，更能让我们体内的血液循环得到改善，坚持这样的原则，久而久之，就会达到养生长寿的功效。“事在人为，境由心造”，此之谓也。

孙思邈百岁药王
养生十三式，简单办法大道理

人体容易生病是由日常生活中所养成的习惯所导致的，如果有意识地锻炼自己，你将收获人生最大的宝贝——健康身体。

孙思邈，唐代的著名中医，被人称为“药王”“孙真人”，甚至有“神医”的称号。他出生于西魏时期，在682年去世，人们都知道他一生长达100多岁，但真正的年龄没有人能说清楚。时至今日，孙思邈的确切年龄也无从考证，但作为长寿者，他已经成为人们心中崇尚的第一人了。

孙思邈从小身体不好，所以他才学了医。从医之后，他对中医的理论与践行基本做到了心身合一，就这样，他的体质在后来变得非常好。为此，关于他的养生秘籍多有问询者，但真的打开他所遗留下来的“养生十三式”却又发现，其实那都是一些非常简单又容易操作的方法。比如常摇头、常摆腰、常扭膝、常搓脚，这每一样对于我们常人来说都毫无玄妙可言，但这确确实实出自孙真人的养生秘方，因为孙思邈这样说养生：“神仙之道难致，养性之术易崇。”所谓养性之术，也就是养生之法，可见这些方法都是有效的。

在生活中，我们坐的时间久了，最常感受到的是头晕目眩，反应迟钝。而孙思邈的“养生十三式”中就有“头常摇”这一条：双手叉腰，闭目，垂下头，缓缓向右扭动，直至恢复原位为一次，共做六次，反方向重复。

这种摇头的方法，在医学上可归于促进血液循环，而血脉通则头脑灵活，相当于给大脑进行了一次有氧运动。另外，这样摇头还可以预防我们常坐引起的颈椎增生等病症，只不过做的时候一定要慢，这样既不头晕，又可恰到好处地预防疾病。

腰常摆，这是孙思邈养生十三式中促进消化的一招。自古就有“十胃九伤”的说法，特别是现代生活的节奏如此之快，胃口常常不好，你想要有个好胃口，就得朝着孙思邈教的法子改进才行。所谓“腰常摆”就是让身体与双手有节奏地摆动，在摆的过程中，身体向左，右手在前，左手在后，身体一摆，刚好用右手拍在小腹上，而左手则拍打“命门”穴。

这样来回做几十下，对胃肠消化不良、胃痛、腰疼等的改善都很有好处，甚至对肾气也有固表作用。对孙思邈来说，他所留下的这些方法都是通过自己实践后才写进书中的，自然这也是他一生身体强健的原因了。

膝常扭、脚常搓。这对于一个活动正常的人来说非常简单，但却有很大的意义。孙思邈发现，人最先衰退的就是腿部的劲道，这就是“人老腿先老”的说法。于是他顺着这个方向，经常有意识地进行按膝扭动，慢慢就感觉到了膝头关节得到强化的事实。这个动作很简单，只需将双脚并排，膝部紧贴，然后微微下蹲就好了，这样每天做上二十下即可。

在孙思邈看来，最能消耗人体精力的多在于睡眠不好，所以他又根据人体的穴位学，从脚上找到了最简单的改善睡眠之法，就是右手搓左脚，左手搓右脚，上下来回，共做三十六下，然后用拇指按着涌泉穴。这样不但能治疗失眠，连血压高的问题也解决了。因为脚底穴位与人体众多反射区对应，头疼等症也会得到缓解。

孙思邈就这样从人体的一行一动中去发现病因，用最简单的小方法发挥养生的大作用。所以，掌握了这么多人体秘密的他，能活到100多岁也就不足为奇了。

启 示

SUCCESS

人体容易生病是由日常生活中所养成的习惯所导致的，如果有意识地锻炼自己，你将收获人生最大的宝贝——健康身体。一个人只要让全身的血脉顺畅了，精气神也就自然带动起来，精神好则生命力强。所以，不管身体是不是有问题，只要我们肯锻炼，身体就会健康受益。

郑少秋老当益壮

对自己要好，“楚香帅”的养生之法

坏心情是养生的大忌，如果自己都没有信心，自己都对自己不好，那么想要年轻，想要身体好，就只能是一种妄想。

郑少秋，原名郑创业，香港演员、歌手，三栖影视职业者。从1970年加入香港TVB之后，便一直红到现在。如今他已经近70多岁高龄，依旧精力充沛地奔走于艺坛，在娱乐圈内更是保持着“楚留香”倜傥风流的本色，一直无人可以取代。也正是因为如此，郑少秋才成了影视圈内名副其实的常青树。

1947年，郑少秋出生于一个书香之家，父亲是香港中文大学执教的老师，自然从小对他寄予了厚望。只不过这个一身灵气的孩子却对学习没什么兴趣，从16岁开始便进入演艺培训班。

经过两年的学习，他开始随着剧团到处演出，这可以算是郑少秋最初的演艺之路。只不过那时候他只能算是临时演员。但他一样很努力，还参加香港话剧比赛获得了“最佳男主角”奖。正是这个奖项让香港坚城影视公司的老板关志坚看中了他，从而带着他走进了影视行业。

1967年到1976年这段时间，郑少秋处于人生低谷，虽然他一直在拍戏，但是直到《书剑恩仇录》上映，他才成为人们眼中真正的演员。自此之后，他又参加演出了一系列的电视剧，并在1979年成功演出《楚留香》中的楚留香一角，从此郑少秋的本色才被真正地挖掘出来。

他成了观众们心目中最形象最传神的“香帅”，他的角色一度造成香港股市及经济学界的“秋官效应”，这让郑少秋从此奠定了自己在演艺圈中的位置，在此后的若干年中，他的大名被广为传扬，经久不衰。

然而，最让观众好奇的似乎不是他艺坛地位的长红，而是他那一副经年累月都不曾改变的容貌。即使如今已经进入古稀之年，可他依旧面无褶皱，甚至连一块斑也没有。最主要的还是，他只要出现，便能带来一份自然的活力。这让人们不得不纷纷好奇：“楚香帅”保持身体不老的秘方是什么呢？

为此，很长一段时间，媒体也频爆郑少秋为保持年轻而整容的传闻。后来经过证实，这些都是子虚乌有。不过“香帅”也因此说出了自己的一个养生秘籍。原来他有一套自创的养生之法，那就是每天临睡前喝一小杯红酒，而且一定是煮过的，这样可以去掉酒精对心脏和肠胃造成的负担。

郑少秋专门谈起过养生，他将自己的养生秘籍归纳为好心情、多运动、注重饮食。有个好心情，那才是真正地对自己好。多运动是让自己身体好的必备项目。作为明星，有谁不爱自己的脸？而又有谁愿意衰老呢？合理的饮食秘方就这样将岁月之痕赶跑了。

至于他说的运动健身法就更加让人瞠目结舌了，因为那也是他独创的，而且他每天坚持锻炼胸肌、腹肌、腰部、腿部，每次做十个动作，这样可以预防衰老，只在累和紧张的情况下除外。

正是用这种合理搭配生活饮食与运动相结合的方法，郑少秋才打破了“时间是把杀猪刀”的魔咒。这也让我们真正看到一个养生的真实定理：对自己好，才是真正的养生。

启　示

SUCCESS

坏心情是养生的大忌，如果自己都没有信心，自己都对自己不好，那么想要年轻，想要身体好，就只能是一种妄想。保持一种向上的心态，在日常生活中对自己多用点儿心，这样就算不减肥、不节食，也一样会身材好、皮肤亮。

女神舒淇的经验
一日三餐皆瘦身，身材性感婀娜

现在流行瘦文化，因为肥胖容易产生“三高”，可是瘦又谈何容易？但真正懂得生活的人知道，答案就在一日三餐之中。

一提到舒淇，人们眼前便会立刻浮现出那个笑容甜美、身材惹火的女神形象。而舒淇似乎也已经习惯了以这样的形象示人，所以在任何场合，我们所看到的她都充满着活力与灵动。这样的她让很多想拥有S曲线的女生羡慕得不行，恨不得追在舒淇的身后，一窥其瘦身之道。

其实，舒淇很大方，她早就将自己保持身材的秘方告诉给大家了，答案就在一日三餐之中。可能是太过简单，所以这让很多人都不肯相信是真的。但对于舒淇自己来说，想要保持身材，想要拥有性感曲线，真的就这么简单，只要管得住自己的嘴，一切都解决了。想想也是，一天不过三顿饭，在胖与瘦之间想怎么吃就非常有讲究了。

说起舒淇的早餐，可能会让无肉不欢的人有点儿想哭，每天早上她只吃一点儿脱脂牛奶加麦片。而且据说这是舒淇本人最喜欢的早餐，她怎么能喜欢这种淡而无味的东西呢？不过脱脂牛奶脂肪量很少，麦片又是粗粮，对于肠胃非常有好处。

最主要的是，谷物与奶类完全可以提供人体每天必需的物质，又没有任何添加剂，绿色又健康。这样吃一段时间，身体就会告诉你答案了，可能到时就不只是舒淇喜欢，连你也会爱上这样的早餐。

中午的时候，舒淇的主餐基本是海鲜料理。这是她的一种生活方式，她的口味相对清淡，所以对海鲜就格外偏爱一些。我们当然也可以理解，谁不知道海鲜向来以脂肪含量低著称呢？所以想要瘦身还要健康，这个是必不可少的了。

到了晚上，舒淇吃得可就大气多了，红酒是配餐所需，而牛肉则为主餐食物。从营养学的角度来说，这是很合理的搭配，看来舒淇真的在吃上很用心。牛肉蛋白质含量高，但热量相对低一些，脂肪含量也没有那么高，再配上红酒中丰富的铁，那么想要皮肤不光滑、没弹力也不可能。

同时，舒淇非常注重对零食的控制，她说过，所有的女生几乎都会偏爱零食，特别是甜的东西，她也有这种感受：“因为甜味食物会让人消除烦躁，所以有压力的时候总爱吃这些。”只不过她现在已经完全戒除了这些不良习惯，为了美，只好让嘴受点儿苦了。

在所有的减肥秘方中，少食、节食无疑都是最好的方法，所以舒淇对这方面非常有心得。她认为，不吃东西肯定是对身体不好的，所以一定要吃，但想要吃美食就一定要搭配合理，不能将所有高脂肪的食物一起吃下去，这样会得不偿失。

吃完饭之后最主要的是不要偷懒，不然脂肪就全都堆积到小肚子上，事后再减可是很麻烦的。舒淇的做法是饭后站半小时，如果实在无聊，就打电玩，时间在不知不觉中就过去了。

舒淇觉得女人容易胖的缘由是不顾及自己的身体。这倒是很正确，现在生活节奏快，不要说女人，就是男人也一样有这种困惑。但是舒淇很有方法，她说："工作也好，学习也好，懒才是最大的问题。"所以合理搭配饮食非常重要，只要吃得合理，绝对不会胖，而且会让身体越来越好。

确实，做明星不容易，减肥也不容易，可是哪有什么容易的事呢？全在"用心"二字！所以要想真的减肥，要想像女神舒淇那样性感又不失健康，那就得自己多用心，多动手，将生活过得更灵活一点儿才是。

启 示

SUCCESS

现在流行"瘦文化"，因为肥胖容易产生"三高"，可是瘦又谈何容易？但真正懂得生活的人知道，答案就在一日三餐之中。如果可以像舒淇这样又瘦又健康当然是最好的事。世上无难事，只要肯攀登，合理地把握自己的生活，在饮食上注意一点儿，在行动上多付出一些，自然也就匀称的体型不远了。

马长礼的健康习惯
皱纹比儿子还少，走路是百练之祖

生活中每个人都应该有自己的养生方式，心态很重要，这是不可或缺的，但“管住嘴，迈开腿”也必不可少。

马长礼，北京京剧院的著名京剧表演艺术家，他很小就开始学习京剧，曾拜谭富英为师。后来他被马连良看中，收为义子，在京剧事业上逐渐步入人生巅峰。可以说，马长礼是很幸运的，因为在全国著名的“四大须生”中，他与马连良、谭富英、杨宝森三位结缘，后来又与京剧名家裘盛戎、张君秋、赵燕侠合作演出《沙家浜》，在这一场戏中，他成功地演活了剧中的“刁德一”，成为若干年来人们念念不忘的经典角色。

马长礼年轻时没少吃苦，他们家是落魄的官宦之后，生活一度非常困难。后来，他又遇上“文化大革命”，这就给他的人生增添了不少的麻烦。可经历了这些苦之后，他却越活越年轻了，80岁的他依旧皮肤白皙，皱纹不多，老年斑都没有。那时他甚至非常骄傲地说：“我除了耳朵有点不好，别的毛病都没有，吃饭香，睡眠好，你看我脸上的皱纹比我儿子还少呢。”

这样的事实真的让人只有羡慕的份儿，年轻，谁不想要呢？可是马长礼老先生是怎么做到添年岁不添皱纹的呢？原来老人偷偷藏着一份自己的养生秘方，那就是走路，这一招可是百练之祖，难怪老人身体这么好。

他经常出去步行，一般一天要走三个小时，这是他最大的爱好了。

这是一项运动量不小的健身运动，不仅可以呼吸新鲜空气，还能观赏风景。老人喜欢去自己没去过的地方，先是坐公交车，然后在某个站点下来，接着就开始边看风景边往回走了。

有时走得累了，就找家快餐店吃点儿东西，他似乎对麦当劳这样的洋快餐很是喜欢，因此经常会一个人坐在麦当劳的一角，喝奶茶、吃鸡翅，然后坐着休息一下，有时甚至打个盹儿。这时精神头也足了，于是再接着往回走。坚持的时间久了，其功效也就在身上体现出来了。

除了每天固定的走路，老人还有其他的爱好，比如放风筝。他觉得风筝放起来，可以让人把头抬得高高的，对腰板有一个拉伸作用，还有眼神也随着风筝跑，这样远望对眼睛有一个很好的锻炼作用。所以，他走路之余基本上有时间就去放风筝。

至于其他的，马长礼老人似乎还真没有别的爱好了，那种打牌、抽烟、聚会的事，老人从来不喜欢。这一点是让人很吃惊的，要知道他演的角色“刁德一”可是个不折不扣的“大烟枪”，他演了10年，那个烟斗也跟了他10年，他居然不抽烟。

另外，老人在吃上同样也不挑剔，可以说非常容易满足。只要有蔬菜，主食无论是什么，只要能吃饱就可以。所以老人的食谱里没有酒的位置，肉也不多，一盘素菜，一个贴饼子，再来碗绿豆汤，他就觉得特别好。至于保健品，老人是绝对不碰的，因为他根本不需要。

马长礼的生活习惯也是很多老人们的生活习惯，君不见很多老人经常在小区步行，但是步行的年轻人却太少，可身体真不是只有到老了才开始锻炼的，锻炼要从现在开始！

启 示

SUCCESS

生活中每个人都应该有自己的养生方式，心态很重要，这是不可或缺的，但“管住嘴，迈开腿”也必不可少。不管你吃什么，吃多了总会给肠胃造成负担；可腿就不一样，你一天不走就会让你退化一些，特别是老年人，想要不服老，就得腿脚好。

徐熙娣做性感辣妈

少躺多动，坐月子时也能成妙龄少女

瘦身是合理利用食物和运动的结果，并不是节食的结果，在我们生活中，通过合理摄入各种美食和进行适当的运动来瘦身，这是最科学的。

徐熙娣，中国台湾电视节目主持人，她主持的最有名的节目是《康熙来了》。她还曾多次主持台湾地区的重要颁奖节目，其形象与能力都非常引人注目。而且在2013年的《福布斯》中国名人榜上她排到了第27位，这个成绩算是对她付出的最好肯定了。不过，我们都知道，徐熙娣又称小S，这里面有多层意思，除了继她姐姐大S之后的因素以外，就是她惹火的S形曲线身材了。

小S身高155厘米，体重43公斤，这样一个不算胖但也不算高的女生，却有着很合格的三围，虽然不是黄金比例，可是对于她娇小的身材来说却堪称完美了。据外界的传言，小S的完美身材在她做了妈咪之后更为醒目，这是不是让很多人都为之惊讶呢?

所有的女人都说生孩子会让身材走样，甚至有的女人为了保持身材而不生孩子，小S又凭什么有着让人垂涎的身材呢？那恐怕要拜她独到的月子保健所赐了。

当别人生完孩子后都拼命求保养的时候，小S却早已不顾刀口的疼痛开始锻炼了。小S对于产后减重一直特别自信。我们所知道的传统的知识就是生完孩子元气大伤，所以一定要安心地静养，往往一个月子坐完，全身的赘肉呼之欲出。

小S运动瘦身的方法完全打破了我们的认知，真让人吃惊。但事实却是，小S生完孩子之后可以迅速地瘦身成功，并塑造出完美的身体曲线，甚至比没有生孩子时更加性感。也正是因为如此，才让女人们看到了生孩子后一样可以做辣妈的希望。那么，小S的“瘦身”是什么标准呢?

小S觉得，产后的月子餐很重要，要在增加元气的同时又能尽快甩掉赘肉。她对营养元素与热量的选取更是做到了斤斤计较，然后才是在不影响伤口愈合的情况下，进行伸展运动的锻炼。

小S追求美丽是做到极致了。她用了几年的时间进行牙齿矫正，所以对她来说忍耐痛苦才是美丽的前提。所以，当别人静养的时候，小S正利用自己会跳国标舞的优势进行身体的代谢循环，她用温和的伸展运动加速代谢。这样经过两个月的细心调养与锻炼，她的体形已经完全没有生产之初的臃肿，整个人如同脱胎换骨一样，既自信又靓丽。

除去坐月子时的多动之外，小S在日常生活中也有一定的饮食标准，毕竟吃东西是每个人都离不开的现实。令她产后快速恢复好身材的必备食物居然是玉米。玉米的做法特别简单，只要放在水里煮一下就好。

玉米本身是有甜味的，不用加什么调味料，所含纤维量远超其他食物，矿物质又丰富。这样可以促进肠胃的健康活动，去掉腹部赘肉。不过小S产后的前两周是不吃水果的，她说这样会摄取过多水分，对减重不利。而蔬菜与五谷杂粮却不能少，地瓜、玉米都是她的最爱。

这就是练成一代辣妈的方法，看上去既简单又方便，只不过要忍别人之所不能忍。小S到现在已经生了三个女儿，她一直坚持着自己的这一套理论，所以才那么性感迷人又自信美丽。

启 示

SUCCESS

瘦身是合理利用食物和运动的结果，并不是节食的结果，在我们生活中，通过合理摄入各种美食和进行适当的运动来瘦身，这是最科学的。所以我们要有自己的生活方式，并运用科学的理念去打造自己。只有这样，才会让我们真正走进性感、自信之人的行列，从而再也不会“结婚三五年，变身黄脸婆”。

靳羽西乐观心态促健康
做聪明女人，为自己而美丽

有好的身体却没有乐观的心情，就很难长久，唉声叹气很容易拖垮一个人的身心。

靳羽西，一个生于中国、长于美国的中西结合的女性，获得很多成就。她不但多才，而且有着很多女性所向往的美丽，她经营着自己的化妆品公司，她将自己的美丽与事业并归于一条路上。对于靳羽西来说，她终生都行走于美丽的道路上，而对于很多人来说，她就是美丽的代名词。

靳羽西小时候对音乐最感兴趣，所以她从小学的是钢琴，还有芭蕾舞。后来她在杨伯翰大学顺利地拿到了音乐硕士学位，可是之后她却对自己的人生道路产生了质疑，因为她觉得自己并不能成为一个著名的音乐家，像鲁宾斯坦一样。想要做到人生最好的她，决定放弃攻读更高的学位。

于是她改变了自己最初的人生定位，要做就做最好，所以她要将精力花到最值得的事上去，这就是她所提倡的“人生应该有B计划”。她在美国制作并主持了《看东方》节目，从而让西方人对东方有了新的认识，美国人非常欣赏这位与众不同的东方女性，因此称她为“当代的马可·波罗”，她的聪明与美丽深深打动了大家。

可是她并没有就此止步，她于1992年开始化妆品的研发，立志打造适合亚洲女性的美丽。就像靳羽西说的：“做女人就要做聪明的女人，美丽是自己的，与别人无关。”没多久，靳羽西成功了，成了世人眼里永远美丽并自信的女人。

在众人的眼里，作为美丽的化身，靳羽西的岁月是静止的，她似乎一直保持着这种自信与青春，虽然如今已经年逾古稀，人们却在她的脸上一点儿也找不出时光留下的印痕。靳羽西做到了由内而外的完美，她始终笑着，充满着青春的活力，这样的她不得不让大家去探究她的养生之道了。

靳羽西很大方，她说：“保养的前提就在于一个好心态，只有心态好了，才能让所谓的保养起到作用。”在日常生活中，靳羽西乐观向上，这一点从她一直微笑的面孔我们就可以知道，毕竟一个人想要保持这种笑容是需要努力的。

其实靳羽西和所有的女子一样，打拼生活，经营家庭，她甚至也有失败的婚姻，可是，她却一直在努力。靳羽西觉得，每个人的人生并不可能一帆风顺，当你遇到困难时，只有拥有良好的心态，才能渡过难关。这就是让她心态向上的秘诀。

靳羽西平时的工作很忙，长期的疲惫总会让她产生倦怠，在这样的时候，靳羽西通常是安静地一个人坐着，然后散散步，听一会儿音乐。心情孤寂的时候，她会找个朋友，一起去咖啡馆谈谈心，这对于她来说就是最好的休息，并让她很快进入正常的生活状态中。所以她总结出：只有懂得休息的人，才是健康的人。

当然，靳羽西在生活中，除去散步的小方法，还喜欢健身，健身并不是大量地运动。她说最好的锻炼在于持之以恒，没有时间的积累是看不到效果的。所以她每天都会做十五分钟以上的有氧健身操或者机械锻炼。

活动之后，靳羽西能马上恢复活力。在饮食方面，她一直强调少油少盐，含糖量太高的食物对健康不好，她基本都是用蜂蜜代替白糖的。这些日常的保养虽然并不繁复，却让这个聪明的女人始终走在自己美丽的路上。

启 示

SUCCESS

有好的身体却没有乐观的心情，就很难长久，唉声叹气很容易拖垮一个人的身心。用最适合自己的方法，保持好心情，对一个人的身心健康是非常重要的。当然，如果想拥有更好的身体素质，那就需要养成好习惯，无论是运动还是食物，都要持之以恒。

8

管好自己的人生

为改变命运而努力，

走上理想人生轨道

管好自己的人生

为改变命运而努力，走上理想人生轨道

每个人的人生都是自己的，我们要为自己的人生负责。我们读书不是为了父母，也不是为了老师，而是为了掌握自己的命运。命运是无常的，只有自制且努力，才能走上自己规划的人生轨道。

人生需要努力，人生需要激励，人生需要志气，人生需要与命运斗争。人生是每个人的人生，不要做旁观者，不要随波逐流，要接受自己的不完美，让人生逐渐丰满起来。只有接受现状的人，才愿意埋下头，改变自己，人生才会回到正轨。

匡衡宰相人生

凿壁偷光，刻苦读书

知识改变命运，这是古往今来的真理，学习是一辈子的事情，无论何时何地，都不能忘记储备知识。

匡衡是西汉时期的重要人物，他《诗经》讲得最好，因此成为汉元帝看重的人。凭着这种学识，匡衡从一介草民成长为一代名臣，而且后来做到西汉王朝的丞相，一人之下万人之上。然而，在这位风光无限的权臣身上，谁也没有办法想象当年他是怎样的贫穷与困顿，更没有人知道他是怎么利用自己的顽强，掌握了足以让皇帝都为之惊叹的学识。

在东海郡承县的一个小村子里，有一户普通的农民人家，这里就是匡衡的家。他们家像所有的农户一样贫穷。所以匡衡从小就帮着家里干活，读书这种高雅事儿与他无缘。可是匡衡却很不服输，他认为读书是人人平等的，只要学就可以会。特别是后来他跟一个人学了很多字，开启了匡衡识字的大门，他对看书上了瘾。

可是生活却很现实，并不是你想要读书，家里就会让你去读书的，艰难的生计只能让匡衡的读书成为一个梦。但他一点儿也不气馁，每天下地给人家打短工，晚上休息的时候就找一本书来看，在那段时间里，匡衡所看的书是没有一定范围的，可以说什么书都看。

这让他产生了求知若渴的心态，一天不吃饭他能忍受，可一天不读书就成了不能忍受的事。晚上读书就要用到灯光，他家那么穷，哪里有钱买蜡烛呢？他苦思冥想，便在自己家的墙上凿了一个小洞，这样邻居家的烛光就从这个小洞里透过来，他借着小洞口透出来的微弱光线看书。这就是我们都知道的“凿壁偷光”的故事。

随着所学的知识越来越丰富，匡衡开始对书本有了越来越多的渴望。有一天，他听说村里的富翁文不识家藏了好多书，就想去文不识家借书来看。但他很清楚这不可能成功，所以他就想了另外一个办法——给文不识打工。

他很顺利地成了文不识家的短工，每天干活的时候，匡衡都特别卖力，干的比别人都多，文不识很高兴，也很喜欢他。到了结工钱的日子，文不识便把匡衡叫来，想把工钱付给他，还对他表示感谢。

可是匡衡却拒绝了，说自己不要工钱。文不识非常不理解：这样一个穷人家的孩子打工不就是为了挣钱吗？他连忙问其原因，匡衡说：“我知道主人家有很多藏书，希望你能把家里的书给我读。”

文不识看着这个有志少年，深深地被感动了，于是答应让匡衡每天在他家里看书。从此，匡衡尽情地畅游于书海之中。

后来，匡衡随着年龄的增长，学问也与日俱增，并且拜了当时的一个学识很高的人为师，专门学习《诗经》。很快，他的《诗经》造诣超过了绝大多数人。

由于匡衡在诗经方面的学问渊博，他慢慢被太子所知。等太子成了皇上之后，就提拔他做郎中，遇到什么事还会问一下他的意见。匡衡将自己的见解滔滔不绝地讲给皇上听，这让皇上非常受益。很快，匡衡便由郎中被提升为博士，然后又升为光禄大夫，之后直接到宫中教太子读书去了，最终坐上了西汉王朝丞相的位置。

启　示

知识改变命运，这是古往今来的真理，学习是一辈子的事情，无论何时何地，都不能忘记储备知识。我们可以不求大富大贵，但这并不代表可以没有知识。因为知识可以让我们活出不同的人生，也可以让我们看到更远的风景。所谓“开卷有益”，就是这个道理。

范仲淹求取功名

少有大志，以天下为己任

很多梦想是从小就生发出来的，很多努力是从小就做出来的，很多志气是一点儿一点儿磨炼出来的。对很多人来说，人生最大的梦想可能就是求取功名了。

说起北宋著名的大诗人范仲淹，他的很多诗句我们都耳熟能详。而在他的很多诗中，处处都体现出悲天悯人的情怀。这种以天下为己任的责任感并不是范仲淹与生俱来的态度，而是他在困苦的人生中所体会到的一种人生格调。

范仲淹出生于苏州，父亲曾经是宋朝官员。范仲淹两岁的时候，父亲死于工作岗位上，这让他家的生活一下陷入困顿之中，于是母亲抱着他嫁给一个叫朱文翰的农民。从此，范仲淹被改名换姓，朱家为他取名朱说。

小时候的范仲淹非常聪明，书读一遍就能背诵，而且每天早上都有阅读的习惯，这给周围的人留下很深的印象。在他长到十来岁的时候，由于一个偶然的机会，他知道了自己的真实身世。他被自己易姓他人、多年生活于继父身边的事实所震惊，于是毅然决定离开朱家去山上读书，将来以自己的能力求取功名，侍奉母亲。

离开朱家之后，范仲淹到山上的一家寺院内读书。山上的日子很苦，冬天很冷，夏天又很潮湿，可是范仲淹却手不释卷，经常读书到天亮。有一次，范仲淹躲在山中的一个山洞里看书，忽然有两只老鼠蹿出来抢他放在地上的粥吃。范仲淹只好将它们赶跑，两只小老鼠却一下钻进了洞边的一棵树下。

范仲淹望过去时，感觉树洞下有光芒射出来，于是他便把树洞挖开来看。没想到下面是一个大地窖，里面摆着满满的黄金和白银，范仲淹看着这些钱，想了一会儿，又分文未动地用土埋起来，然后继续去读书了。

范仲淹不为金钱所动，可是因为自己没有钱，所以只好每天吃点儿用糙米煮的稀饭。他每天把当天要吃的米称出来，然后一次煮熟，放冷之后稀饭便凝结成一个大团。范仲淹用一把小刀将稀饭团划成很多块，供早晚食用。他没有别的菜，每顿只吃腌菜。

当时和范仲淹一起读书的一位同学看到他这样艰苦，便把这件事告诉自己的父亲听。那位同学的父亲很受感动，便做了点儿好吃的饭菜送给范仲淹。可是范仲淹却拒绝不受，说："请你带回去吧，我不会吃你的东西。"

那位好心的同学以为这是范仲淹的推辞之语，放在那里便走了。可没想到，过了几天时间再去看范仲淹，发现他送来的东西已经发霉了，范仲淹连动也没有动过。同学便问："这么好的东西，你为什么不肯吃呢？"

范仲淹却说："我也很想吃美味的东西，可是我的生活就是这样艰苦，如果我现在吃了你给的美食，以后不能吃自己的食物，我岂不是要中断学业了吗？我要谢谢你的好意，但请你不要送我这些了。"这位同学听了非常受激励，从此也认真地读起书来。

30年后，范仲淹已经做了大官，曾经所待过的山上的寺院着火，化为灰烬。范仲淹得知消息之后，便写信将这件事告诉寺院的主持，让他们挖出黄金白银来修理寺院、周济僧人。

不管是生活的艰辛还是金钱的诱惑，都没有改变范仲淹凭自己能力生存的想法。他通过毅力饱读诗书，成为当时“先天下之忧而忧，后天下之乐而乐”的合格政治家，更成了为后世所尊敬的伟大文学家。

启 示

SUCCESS

很多梦想是从小就生发出来的，很多努力是从小就做出来的，很多志气是一点儿一点儿磨炼出来的，对很多人来说，人生最大的梦想可能就是求取功名了。不管我们所面临的是什么样的处境，不管我们最终会是什么样子，我们所要坚持的唯有最初立定志愿时的恒心。也只有这样坚定不移地走下去，我们才不会辜负自己与未来。

皇甫谧浪子回头

顽劣少年，因孝顺而发奋读书

正所谓“好饭不怕晚”，每个人的人生并不相同，当沉迷于迷途的你醒悟过来的时候，一定要勤奋刻苦，这样才能吃到真正的好饭。

皇甫谧，历史上有名的医学家、文学家，被人们称为“针灸鼻祖”。他出生于东汉时期，尽一生所学写下了《针灸甲乙经》，这是我国第一部研究针灸学的专业书籍，在医学方面为后来的学习者与研究者提供了大量的依据与史实，深受医学界人士推崇。不但如此，他还参与编撰了很多与史学有关的文学著作，其文学造诣之高，一点儿也不逊色于他在医学界的成就，甚至有人将他看作中国历史上唯一一个与孔子齐名的世界历史名人。

在如此光环的映衬下，有谁知道皇甫谧曾经是一个不羁少年？又有谁知道他立志苦学的故事呢？其实皇甫谧的种种叛逆行为也不都是他造成的。因为他是出生于东汉中期的四大家族之一的后代，其六世祖皇甫凌做过度辽将军，而五世祖皇甫旗则为扶风都尉。

四世祖皇甫节与他的弟弟皇甫规更是拥有显赫的地位，世称“凉州三明”之一。而到了皇甫谧的曾祖父的时候，又因镇压黄巾军有功而被封为征西将军、太尉。东汉灭亡之前，皇甫家的名气都名噪一时。

只不过在皇甫谧出生之后，这种名气才稍显逊色了一点儿。

名门望族后辈之后的荣耀显然给皇甫谧非常大的影响，他根本不用奋斗就可以过上好生活。

皇甫谧小时候是被过继给叔叔的。因为叔叔一家对他倍加疼爱，更加养成了他从小骄纵的个性，每天只知道玩乐。由于当时战乱不断，所以他常玩的是行军打仗的一套攻防游戏。长到20岁时，皇甫谧连最基本的史书都没读过一本。

因此，同龄人多在背后称皇甫谧为傻子。可是他却一点儿也不在乎，终日如脱缰之马，到处疯玩，这让他叔叔非常着急，因为他不知道这孩子的前途到底在哪里。

有一天，叔叔教导皇甫谧安心向学，好求取美好前途。可是皇甫谧根本听不进去，这让叔叔气愤不已，于是将他赶出家门。皇甫谧并没有放在心上，不但不思悔改，反而偷了人家田里的香瓜回来，并亲自送去给婶母吃，他以为这样婶母会高兴。

不料，婶母却接过香瓜狠狠地摔在地上，哭着说："你已经这么大了还只知道玩，祖上的德行你不是不知道吧！如今你这个样子，日后让我怎么去面见祖宗？你若是真的孝顺我，不如去修身笃学，这就算是对我最好的报答了。"

皇甫谧终被婶母的眼泪唤醒，于是开始拜乡中的名士为师，从此奋发向上。他起步晚，深知自己起点不如他人，便每天没日没夜地读书，非常刻苦勤奋，结果时间长了，又被人送了个"书痴"的绰号。

但皇甫谧却在读书中找到了自己新的生活方向，文史类的书籍让他眼界顿开。他立志钻研史学。在文学方面他也一样用心，很快就能脱口成章，并闻名乡里了。皇甫谧读书有成，可他却不愿为官，并不为高名所惑，一心只做文章，甚至写信给司马炎向他借书，司马炎因爱惜他的才气，送了他整整一车的书。

后来，皇甫谧在中年时不幸中风，生活一度难以自理。疾病的痛苦让他重新认识学问，于是他改攻医学，对各家医学名典进行认真研读，从而完成了伟大的著作《针灸甲乙经》。虽然说皇甫谧大器晚成，但他却凭着自己的毅力，最终成了让家人安心、让世人仰慕的名人，并为后代留下了极为丰厚的文化遗产。

启　示

SUCCESS

正所谓“好饭不怕晚”，每个人的人生并不相同，当沉迷于迷途的你醒悟过来的时候，一定要勤奋刻苦，这样才能吃到真正的好饭。很多人总是说：“我想成为什么样的人，只是现在已经来不及了。”其实通过皇甫谧的故事，我们就可以知道：对于想要做的事来说，根本就没有时间的早晚，只看你是不是真的想要去追求了。

郑板桥从聪明到糊涂

养家糊口，难得糊涂

难得糊涂是一个人在饱经风霜之后的从容与大度，更是一种大智若愚的体现，因为人生中，聪明的人的最佳智慧更多的时候是糊涂。

郑板桥是清代著名的书法家、画家，被世人列入“扬州八怪”之一，一生所画都为精品，而其诗脍炙人口，并为后人留下一部《板桥全集》。就算有人不读郑板桥的诗，不看郑板桥的画，也都知道他著名的处世哲学“难得糊涂”。这几个字，可以说是郑板桥一生的真实写照，让他的画与诗都被冠以清新雅致之名，与世俗不同。

郑板桥的一生际遇坎坷，生活贫困。在他很小的时候，母亲便早亡，这让生活贫苦的郑板桥更加孤苦。幸好有乳母留在身边，对他尽心抚育，才让他最终长大成人。后来郑板桥曾多次为乳母写诗。“平生所负恩，不独一乳母；长恨富贵迟，遂令惭恧久；黄泉路迂阔，白发人老丑；食禄千万钟，不如饼在手。”诗句真实、情切，令人动容。

对于郑板桥来说，虽然他的才华有目共睹，却生不逢时，他19岁时就中了康熙朝的秀才，之后便一直屡试不第，直到40岁，才在雍正朝中了举人，后来又在乾隆时期得中进士。历经三朝更迭，及至人生五十，郑板桥也不过是个七品之官，这与他的才学相比，实在不成正比。这样的经历也注定他在前半生要为生计所苦，所幸他画有所成，于是以此为营生，养家糊口。

扬州在当时是个经济繁荣的地方，往来买卖非常便捷，郑板桥就在这里一边读书，一边卖画度日。郑板桥因自己的经历，又因所见所闻，对于富贵与为官者多有不屑，这在他的诗、画之中都有表现，因此当时他的画、诗、书法又被人们称为“三绝”。

对于贪官污吏，郑板桥从来就不留情，骂得痛快，画得深入人心，让看到的百姓都会心一笑，买回家去悬挂，以泄气愤。随着他的名气越来越大，求画的人也就越来越多，不过买画的多是些平民百姓。郑板桥并不为画标价，全看买者的能力，给多就多，给少就少，有时报酬甚至只是一壶酒、一块肉。

但对于富人，郑板桥又非常介意，哪怕给再多的银子他都不卖。当时在扬州有一个富商，非常喜欢郑板桥的画，于是便派人送去一千两银子，只为求一幅画。可惜郑板桥对其连正眼都没瞧一眼，直接给打发掉了。

富商很是苦恼，问身边的师爷有没有办法。师爷眼珠一转，便给富商出了个主意。他们知道郑板桥爱画竹子，经常到城外去写生。于是，富商便在那边的竹林建了个茅屋，等到郑板桥画累了时，就请他过去喝水。

结果郑板桥很是感激，与“茅屋主人”聊起来，主人就乘机索要画作。于是郑板桥大方地当场作画一幅，送给了主人。后来郑板桥知道那位茅屋主人正是扬州富商，但他没有生气，只是笑了笑。

郑板桥晚年时，已经对世事看得比较透彻。有一次，他在乡间遇到一名自称“糊涂老人”的雅士，二人相谈非常投机，于是郑板桥在老人的砚台上写下“难得糊涂”四个字，并盖上自己的进士名章，并请老人也盖章。

这时他才知道老人竟是殿试第三名的隐居官员，不禁肃然起敬，当场写下一段文字：“聪明难，糊涂尤难，由聪明而转入糊涂更难；放一着，退一步，当下安心，非图后来报也。”这就是郑板桥自己的晚年处事之道，在他与“糊涂老人”分享的同时，也为后人留下了明哲保身的为人之道。

启　示

SUCCESS

难得糊涂是一个人在饱经风霜之后的从容与大度，更是一种人生大智若愚的体现，因为人生中，聪明的人的最佳智慧更多的时候是“糊涂”。活在世上，就不要一味计较得失与赢亏；有时候看似吃亏的事，说不定却会为你带来意外的好处，太在意眼前的事，只会让你生活得更烦恼。

杨澜事业家庭兼顾
对自己负责，有家才能有天下

一个人的完美人生肯定不能依附于别人的给予，而是要真正懂得自己的需要，这样才能去追求自己的完美人生。

作为一名成功的女性，杨澜无疑是很多女人心目中的完美典范。她每天奔波在自己的事业中，在娱乐界、名人圈频繁出入往来，可是她的生活却一点儿也没因此而被累及。相反，她成家多年，与丈夫生活和谐，与孩子亲情笃深。一时之间，杨澜平衡工作与生活的能力又为她的成功添加了温情的魅力。

看着杨澜的风风火火与成名成家，很多人总是会将“女强人”这个词加在她身上。可是杨澜对这个词却并不怎么偏爱，她自己就说：“在工作中太强很容易让人太过主观，员工也不敢提意见，这并不是一个好现象，尤其是在家庭中，适当地示弱才最聪明。”

所以，对于杨澜来说，在家里，她就是个“小鸟依人”的小女子，需要丈夫去做的活儿，她即使能做也肯定不会插手。她非常懂得向丈夫展示自己的优势，当看到丈夫劳累时，她会微笑着为他递上一杯茶水，这种温馨与美好便自然而然地成就了杨澜的温柔气质。

由于经常采访各种名人，杨澜在夫妻相处之道上很有感慨。她觉得，女人要懂得在什么时候该示弱或逞强，这是女人爱的表现和有智慧的体现，如果碰到事情就软弱或者好强，未必是家庭或者爱情的好的处理办法。

这就是聪明的杨澜，她已经洞穿了生活中女人与男人的不同，并看懂了女人与“女强人”的区别，所以她在生活中更愿意用示弱来表达自己的女性智慧。

除了对自己的身份有着很明确的定位之外，杨澜对家庭也非常看重。平时，她因为工作的关系经常是在北京、上海、香港三地飞，但就算这样，她还是时刻珍惜与家人的共度时间。

杨澜不会烧菜，所以从来不能为家人烧一顿团圆饭，可是她却愿意从小事做起，用行动温暖家人。比如，有时她会为家人煲一锅鲜美的浓汤，大家一起开开心心地品评汤的味道与口感，其乐融融。

有时为了调剂生活，她也会专门调整自己的工作时间，然后陪着丈夫去听一场音乐会，与放假在家的孩子尽量多待一段时间。这些小事让杨澜的家庭倍显温馨，也让她更加自信。杨澜觉得，她做这些小事就是对自己的人生负责，因为她知道自己的追求是什么，她明白自己想要的生活是什么。

杨澜的人生对于普通人来说太过成功，可是没有人知道，其实在她的生活里有很多与普通人一样的节奏。比如杨澜也爱看电视剧，每天闲暇时，她都会打开电视来看一会儿，好让精神得到放松。

杨澜在工作上接触了太多女人，成名的、无名的，在她看来，每一个女人都有着对爱情的向往与对家庭的渴望，所不同的只是她们对待的方式。她发现，并不是所有女人的结婚条件都是男人有车有房，很多女人敢裸婚，因为她们知道自己在追求什么，真正想要的是什么。

也许正因为对女性心理的洞悉，杨澜才更充分地了解到幸福应该从哪里寻找。没有家就没有一切，而有了家，只有会经营才能拥有幸福。

启　示

SUCCESS

一个人的完美人生肯定不能依附于别人的给予，而是要真正懂得自己的需要，这样才能去追求自己的完美人生。想与身边的人做到平等相处，想让自己的家庭幸福和睦，就得学会杨澜的示弱精神，就得学会杨澜对事业的追求。幸福者首先要让自己完美，然后才能带来一个完美的家庭。

霍金敢与命运抗争

身残志坚，被誉为“宇宙之王”

如果把人生当成一个游戏，那么每一个难关就是一个游戏关口，需要用特别大的智慧和毅力，才能打通关，其中最大的难关是生存，所以有人说，生存才是最精彩的战斗。

斯蒂芬·威廉·霍金，著名物理学家，一个不能自然发音，全身不能自主活动的残疾人，曾毕业于英国牛津大学，出任牛顿曾任职过的卢卡斯数学教授一职。除此之外，他进行独到的研究，提出黑洞蒸发理论，以及霍金宇宙模型。在霍金的身上，世人只能用一个词来形容，那就是奇迹。

霍金在21岁时患上渐冻症（卢伽雷氏症），也就是肌肉萎缩性侧索硬化症。那年，他在牛津大学也崭露头角，可这种病让他几乎全身都不能自主活动，仅剩下三根手指是能活动的。疾病让他的身体发生严重的变形，头部朝向右边倾斜，肩膀也是一高一低，两只手紧紧地并在一起。

这让他成为一个雕塑般的存在，终日只能保持一个姿势。他想要说话，就只能通过医生为他制作的语音合成器发声，而且他发出的声音都带着机械的声音。这就是一代学之骄子所要面对的人生，那可是医学并不发达的1963年，而医生说他顶多还能再活两年。霍金似乎没有时间悲痛，他要用顽强的意志去打破这个医生的预言，与生命做一次你死我活的斗争。

这个时候，霍金遇到了自己的真爱，在疾病的折磨下，在爱情的滋润下，动作变得越来越笨拙的他容光焕发起来，生活上被知心爱人照顾，让他没有后顾之忧，全心地投入研究中去。

逆境彻底激发了霍金的生存意志，他在大学里完成了一系列重要的学术研究，甚至已经超越相对论、量子力学等理论，并成功地进入自己的创造宇宙学说中。他于1988年出版的《时间简史》至今都是全球最畅销的科普著作。

霍金似乎已经将自己活成了神话，他头上的光环没有人可以超越，甚至没有人能企及。可是现实中呢？霍金的生活是什么样子的？看到过霍金生活现状的人才知道他抗争得有多艰难。

每天早上，霍金为了保持对于工作的认真和对别人的尊重，必定要坐着轮椅从家到他的办公室。这一段路程并不短，但他自己调节着轮椅的开关到办公室。他不能写字，他用语音机说话，用翻书页的机器看书。读文献的时候，他只能让人将文献资料一页一页铺在办公桌上，然后从办公桌的一头驱动着轮椅看到别一头。这样每看一段都会让他消耗很多气力，可他却一直坚持着。

霍金最不愿做的事就是打扰别人，哪怕自己生活不便，但只要是能自己做的事，他就绝对不去麻烦别人。而且他也不愿意别人把他当成一个残疾人来照顾，他觉得与肉体相比，人的精神是不会残疾的。

正是因为有这样坚强的意志力，霍金真正做到了“残而不疾”，甚至特别乐观地面对着生活中所发生的一切事情，从而真正打破了被医生定义的生命时限，霍金那个两年的生死时间已经过去了。

面对身体的状况，他一直坦然和积极地面对。有一次，霍金参加一场公开演讲会。活动结束之后，记者追着要采访他。在被人又一次问到病魔对他身体的禁锢的时候，他积极地回应，咧嘴大笑起来，霍金用欢乐的手指敲动已经成为身体一部分的键盘。

霍金觉得自己的手指、大脑都还存在，而且很活跃，虽然疾病让他感觉有点儿困难，但是他仍然有远大的理想、人生的追求，最重要的是，他还有爱他和他爱的朋友和家人，这所有的一切，都是他奋斗的起点。

屏幕上，每一个单词的出现都令台下人一阵激动，他们仿佛看到了一个永不放弃的斗士，这鼓舞着每一个人，一阵阵激烈的掌声响起。霍金突然感受到台下人们激动的心情和善意，他又敲动键盘，屏幕上又出现了一句话："我还有一颗感恩的心。"

这就是霍金，他用自己残疾的身体和无边的精神境界达到科学的巅峰，用不屈的意志创造人生的传奇。霍金，一个终身生活在轮椅上的人，却给我们带来一个又一个惊奇。一个经过六次重大手术的渐冻症病人，一次又一次地赢得了与命运抗争的胜利。

启　示

SUCCESS

如果把人生当成一个游戏，那么每一个难关就是一个游戏关口，需要用特别大的智慧和毅力，才能打通关，其中最大的难关是生存，所以有人说，生存才是最精彩的战斗。没有谁的人生会永远处于上游，如果遇到命运无常，一定要坚强地面对，别被人生中的任何一个难关所吓倒。

陶渊明不为五斗米折腰

采菊东篱下，悠然见南山

人生苦短，与其在浑浑噩噩之中苦苦挣扎，不如退而经营自我的小幸福。

陶渊明是东晋末年宋朝初期的著名田园派诗人，在辞赋、散文方面也同样对后世有很大的影响。他的作品以崇尚自然、抒发自我感受为主，为古典诗歌开辟了一种全新的抒情境界，因此又被人们称为隐逸诗人之宗。“不戚戚于贫贱，不汲汲于富贵”便是陶渊明一生最真实、最形象的写照。

陶渊明的曾祖父陶侃做过大司马，名声显赫，祖父、父亲均做过太守，父亲在陶渊明9岁的时候去世，从此他的生活陷入困境，困苦无依。少年时期的陶渊明在外祖父家寄居，丰富的书籍典藏成就了他的胸有大志，他一心想要兼济天下、大济苍生。

但当时的社会现状却让他很是失望，门阀制度、社会风气都与他的想法格格不入。满腹才华的陶渊明屡次因自己出身的贫寒而被挡于报效国家的大门之外。成年后，他因为家庭原因多次在官海闯荡，直到29岁那年才成为一个小祭酒。

他做的这种小官并没有实质性的工作内容，不过是终日与地方官员吃吃喝喝，往来应酬，尔虞我诈，这让心有大志的陶渊明非常难过。没过多久，他便提出辞呈。

后来，陶渊明又做了几次小官，但都以辞职收场。就这样混迹官场10年之后，陶渊明心生倦怠，他感觉到自己与这些官员的价值观终不能相容，于是心生隐退之意。可是作为一家之主，他肩负着养家糊口的责任，想要退隐又有苦难言。

在41岁的时候，陶渊明出任彭泽令。彭泽令不过是江西彭泽县的一个小县官，每天无所事事，陶渊明在这里倒也清闲，进入不惑之年后，他想了很多。

他终日愁眉不展，妻子问他原因，陶渊明说："在这里为官不过是一种形式，根本就没有事可做，难道我就是为了混口饭吃才为官的吗？"妻子只好劝他，说："并不是无事可做，彭泽县不是还有上百亩的官田吗？那都是要管理的。"陶渊明只好长叹一声："想不到我也只不过是个粮食的奴隶而已。"

陶渊明在彭泽县做官没有多长时间，忽然有一天，浔阳的督邮路过彭泽县。这个督邮与陶渊明本就相识，而且曾一起为官，不过为人善于阿谀奉承，所以上升得比陶渊明要快。虽然陶渊明对这样的人并不喜欢，但还是要带人去迎接。

可是陶渊明当时身穿便服，并没有正规官员的穿戴，于是他身边的随从就说："督邮的官位已经超过了你的职位，你应该穿戴整齐，备好礼物，心怀恭敬地去迎接他，这样才能显出你重视他的到来。"陶渊明听了很不高兴，说："我怎么可以为五斗米官俸就对如此小人折腰呢？"说完，他便回家去了。

回到家里，陶渊明便让妻子收拾东西，立意辞官隐居。妻子见劝不住他，只好随着他离开彭泽县。陶渊明在彭泽县只做官81天，一生为官13年，中途因为官场失意而辞官数次。这一回他终于得偿所愿，带着家人隐居乡里，不为黑暗官场所扰。

辞官之后的陶渊明把心思都用在了作诗上，这一时期他的作品非常多，而且带着浓浓的田园味道。其中脍炙人口的《饮酒》便是这一时期的代表作，从“采菊东篱下，悠然见南山”就足以看出陶渊明离开官场隐居之后的自我适宜之感。

他自种自食，安稳舒适，这样的生活让陶渊明变得更为豁达有度，他在晚年时候曾为自己写下挽词：“死去何所道，托体同山阿。”此时的陶渊明已经将生死看得很淡然，辞官隐居也最终成就了他安贫乐道的一世英名。

启 示

SUCCESS

人生苦短，与其在浑浑噩噩之中苦苦挣扎，不如退而经营自我的小幸福。富贵不是人生最终的目标，每一天都能感受到生活的质感才是真正的快意人生。一个人的梦想若终为名利所扰，也就失去了体会自然淡泊的美好了。

张曜用羞辱激励人生

拜妻为师，自嘲“目不识丁”

每个人都难免有受到伤害的时候，但做人要有敢于面对现状的勇气，对于自己的不足，更要有敢于直视并挑战它的决心，勇敢地付诸实践。

张曜，清朝晚期非常有名的贤官，文武双全，因累累军功，被提拔为河南布政使，之后一直在地方任职，不仅治河有道，还曾提议在青岛沿海设立防务，在青岛口修筑炮台。这样一个功勋累累的晚清爱国将领，其背后却有一段改变人生轨迹的故事。

张曜最初只是个武夫，早年在河南固始做团练。后来在清剿捻军的过程中立下大功，受到咸丰皇帝激赏，于是被破格任用，做了固始的知县。张曜为人豪爽，又尽职尽责，第二年便再次被提升。可以说，张曜的崛起，完全靠的是自己的一身好武功与不怕死的信念。

其后，张曜因政绩突出，被皇帝提升为河南布政使，这种快速的擢升令张曜喜不自禁。可是他还没高兴多久，便接到了降职令，改布政使为南阳总兵。原来与张曜同朝为官的刘毓楠上书皇帝，说：“张曜虽政绩突出，可是目不识丁，做武官有余，为文官不合适。”皇上想想也是：张曜大字不识一个，怎么上书陈事，又怎么办理案头公务呢？还是带着兵去锻炼比较好。于是他马上给张曜改了职。

张曜知道之后，气得脸都绿了，心想：刘毓楠你太过分了，我们俩又没什么过节，怎么偏和我过不去呢？这不是当众羞辱我没知识吗？可是冷静下来之后，他又觉得刘毓楠说得没错，自己根本就没文化，要硬是装成文化人办理文官事务，这不是耽误事吗？

张曜前思后想，开始后悔自己没读过书了。不过他是天生的武夫，自然性子就刚硬一些，心想："我只后悔有什么用，不如现在就开始学习，也让那些瞧不起武夫的人看看，我张曜不是吃素的！"

想到就做，张曜立刻开始找人教他知识。可是他看看自己身边的人，似乎都称不上文化人。这时，他夫人恰巧从后厅走出来，张曜眼前一亮："这不就是现成的老师吗？"原来张曜的夫人出身于书香世家，从小便饱读诗书，说话常引经据典。

于是，张曜立刻对夫人说让她教自己读书的事。张夫人当然很高兴，但还是很严肃地说："做你的老师是没问题的，不过你要行拜师礼，从此必须正规地跟我上课。"张曜二话没说便答应了，他穿戴整齐，拜过夫人，从此成了妻子的学生。

不但如此，张曜还自我激励，让人为自己刻了一个"目不识丁"的印章，天天带在身上，时刻对自己进行鞭策。别人看了都哭笑不得，觉着张曜不过是一时赌气，过几天也就没有这动力了。

没想到，张曜很有毅力，他每天在夫人的教导下读经诵史，丝毫不敢懈怠。夫人也真的如同老师一样，对他非常严格，稍有偷懒就会对他一顿说教，这让张曜对夫人更是恭敬有加。别人都笑张曜，说："总兵大人居然惧内。"可张曜并不为意，反而非常好奇："难道你们不怕吗？"他的话惹得大家哈哈大笑。

张曜就这样认真地在夫人教导之下学了好几年，几年后他已经文笔流畅，才气初通了。给皇上写奏折也完全不用别人代笔，而且措辞有序，文法雅驯。不但如此，他作为南阳总兵，勤政爱兵，成绩斐然。

面对如此政绩，皇帝决定奖励他，便想要升他为山东巡抚。和上次一样，又有人说他目不识丁，张曜不再沉默了，要求皇上当场对自己进行面试。结果，他对答如流，让其他官员都大为惊讶，对他佩服不已。张曜顺利地当上了巡抚，而且全心为山东百姓服务，兴办水利，治理黄河。在他去世之后，山东人民为他建祠堂纪念，称其为"黄河大王"。

启　示

SUCCESS

每个人都难免有受到伤害的时候，但做人要有敢于面对现状的勇气，对于自己的不足，更要有敢于直视并挑战它的决心，勇敢地付诸实践。如果可以将别人的不屑当成自己前进的动力，那么总有一天，你会让人刮目相看。

哈莉亲手接受“演技最差奖”
从头再来，把批评当作财富

拿破仑说过，避免失败的最好方法就是下定决心付诸实践。

哈莉·贝瑞，从模特转型进入影视圈的美国著名演员，因为一部《红颜血泪》名震一时。对于哈莉·贝瑞来说，成功是从青少年时期就开始的。她17岁时参加俄亥俄州青少年小姐选美比塞，并成为当届最美小姐。

她拥有天使的容貌、魔鬼的身材，凭借个人优势和努力，她成了获得奥斯卡最佳女主角提名史上的第一个黑皮肤女星。但之后，她却跌入人生的低谷，获得了“演技最差奖”——金酸莓奖杯。

所有人都认为哈莉·贝瑞的人生堪称完美，却没有人知道，在哈莉·贝瑞成功的背后，她的少年时光是多么苦楚。她成名之后，自己曾经对媒体谈及童年生活，原来她从小就缺失家庭的温暖，父亲非常暴力，动不动就对柔弱的母亲动手，在家里成长的每一天对她来说都度日如年。

哈莉确实很幸运，她小小年纪便成功了，她可以从此脱离那无爱的家庭生活。在镁光灯下，在赞美声中，哈莉发现这是人生的天堂，她几乎都开始相信：我的人生终于苦尽甘来。

可是事实呢？似乎生活总喜欢开玩笑。2005年的金酸莓电影奖颁奖台上，主持人大声地念出了最差影片的名字——《猫女》。同时，最差女主角也被宣布诞生了，那就是哈莉·贝瑞。

台下一片哗然，人们没有想到，这个年纪轻轻、前途一片光明的女星，这么快就迎来了自己人生的当头痛击。可哈莉·贝瑞表现得却远比外在还要坚强，她勇敢地走上了颁奖舞台，坚定地接下了主持人手里的金酸莓奖杯。

这个时候，人们再一次震惊起来，因为从金酸莓最差女主角奖设立开始，还没有哪个女明星真正走上台去领这一奖杯，对于这样有损形象的奖项，大家都避之不及，自然每一次都是领奖人缺席。可是哈莉·贝瑞却走上了舞台，并接过了那个象征着人生失意的奖杯。

主持人问她：“你敢上台来领奖，难道不怕丢脸吗？”哈莉·贝瑞只是轻轻地笑一下，她说，自己很坚定地认为，一个演员，不仅需要倾听他人的赞美，还需要接受大家的批评和指责，因为接受批评是人生最珍贵的财富。

哈莉的话赢得了台下热烈的掌声，人们看到了一个不屈不挠的坚强女孩儿，看到了她内心充满的积极向上的力量。当有人让她发表获奖感言时，她表示：面对输赢，如果不能输得漂亮，那么也不会赢得优雅。哈莉再一次赢得了大家的认可。

哈莉·贝瑞带着最差女主角的金酸莓奖杯离开讲台，人们都认为她有理由退隐一段时间为自己疗伤。可是，2006年的奥斯卡颁奖台上，她却再次凭着《X战警》回到了观众的视线之中，并因在《凝望上帝》中的表现得到了金球奖“迷你剧电视电影最佳女主角”的提名。

这位有着魔鬼身材、天使脸孔的黑人女孩儿，却有着百折不屈的“女汉子”精神，她不仅用演技扮靓自己的人生，也用行动征服了支持她的观众，还用毅力成功地改变了自己。

启 示

SUCCESS

拿破仑说过，避免失败的最好方法就是下定决心付诸实践。生活的路总是起起伏伏，当遇到挫折与失落的时候，不妨将这痛苦化为前进的动力，也许下一次成功的就将是因为打击而倍加努力的我们。